KB069267

용어로 보는 중국문화 이야기 多樂房

다락방

용어로 보는

중국문화

이야기

多樂房

다락방

김수현 · 증무 · 배우정 · 배재석 지음

學古房

머리말

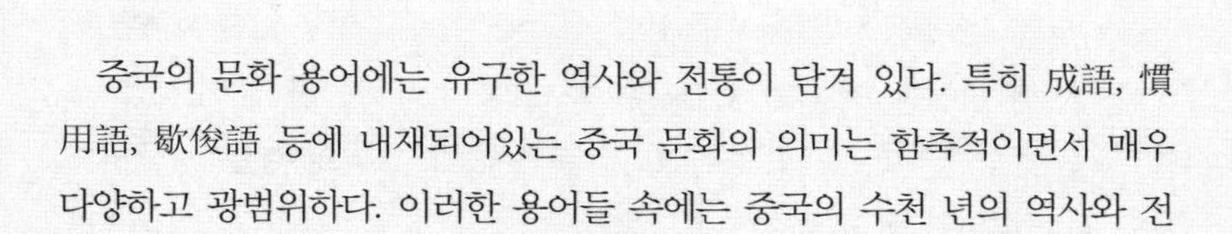

중국의 문화 용어에는 유구한 역사와 전통이 담겨 있다. 특히 成語, 慣用語, 歇後語 등에 내재되어있는 중국 문화의 의미는 함축적이면서 매우 다양하고 광범위하다. 이러한 용어들 속에는 중국의 수천 년의 역사와 전통문화 그리고 그들이 살아온 삶의 지혜가 함께 담겨있다.

이 책은 독자들에게 중국의 오랜 역사와 전통문화에서 엿볼 수 있는 용어의 참 뜻을 소개하기 위하여 기획하였다. 이 책을 통해 중국의 역사와 문화를 용어에 담긴 진정한 의미와 함께 이해하고 지혜로운 사고능력이 길러지길 바란다.

본 책은 누구나 쉽게 읽고 중국문화와 중국어를 이해하고 배우는 데 도움을 주고자 하였다.

중국의 문화 용어를 1부 생활문화, 2부 사회문화로 나누어 구성하였으며, 각 부는 주제별로 모아 1장부터 6장까지 이야기 방식으로 쉽고 재미있게 설명하였다.

또한 문화 용어 속에 숨어 있는 삶의 지혜와 경륜, 문화, 철학을 폭 넓게 이해할 수 있도록 역사 유래, 출전出典을 함께 제공하였으며, 중국어 원문을 제시하여 중국어 학습의 효율성을 높이고 용어에서 파생되는 다양한 의미를 보충과 제시 부분을 통해 실생활에서 활용할 수 있도록 했다.

마지막으로 일반적인 중국어 교재에서 보지 못했던 실제 중국인들이 사용하고 있는 관용적인 용어를 담아 실감나는 표현 방법을 제시하였다. 지금 중국사회에서 어떻게, 어떤 의미로 사용되고 있는지 알 수 있도록 예문을 통해 학습할 수 있게 하였고, 개별 한자 풀이와 용어 뜻풀이로 학습의 이해도와 활용도를 높였다.

이 책을 준비하는 동안 저자 역시 중국역사를 다시 되짚고, 삶의 지혜를 터득하는 시간이 되었다. 중국인이 사용하는 용어를 통하여 수천 년의 시간을 거치면서 형성된 그들의 인식과 삶의 지혜를 보여주고자 노력하였다. 이는 옛 중국인들의 생각과 사고가 언어로 승화된 것이라고 할 수 있고, 이것을 알아가는 것은 오늘날을 살아가는 우리에게도 매우 가치 있는 일이다.

끝으로 본 도서가 출판되기까지 많은 지원과 도움을 주신 경희대학교 공자학원에 깊은 감사의 마음을 전한다.

書川里에서

2020. 4

第一部 生活文化 생활문화

第一章 身体名称 신체

第二章 饮食名称 음식

第三章 服饰名称 의복

第四章 居住名称 거주

第五章 交通名称 교통

第六章 工作名称 직업

第二部 社会文化 사회문화

第一章 人名称谓 인명

第二章 位置地名 지명

第三章 数字名称 숫자

第四章 自然环境 자연

第五章 植物名称 식물

第六章 动物名称 동물

第一部

生活文化

생활문화

第一章 身体名称

신체

抱佛脚

bào fó jiǎo

한자풀이

抱 : 안을 포 **佛** : 부처 불 **脚** : 다리 각

뜻풀이

급하면 부처 발을 안는다. “평소에는 향 한 번 안 피우다가 급하면 부처 발을 안는다”는 속어에서 시작되었다. 평소에 준비하지 않다가 일이 닥쳐서야 급하게 처리한다는 의미이다.

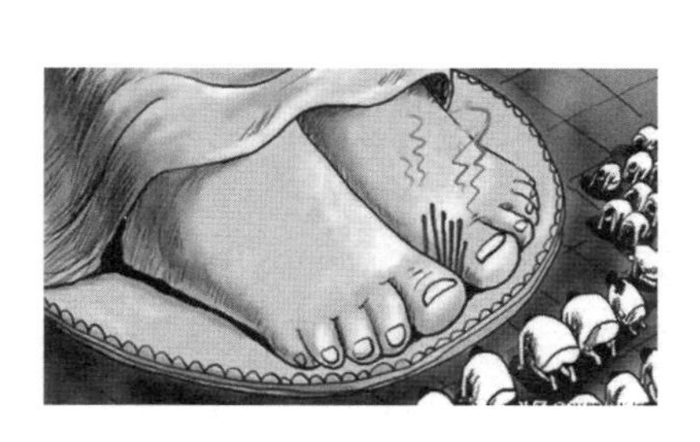

사진출처 : 百度网

역사유래

"부처 발을 안는다"는 주로 풍자하는 의미로 많이 쓰이며, 막바지에 다다라서 급히 처리한다는 의미이다. 폄하하는 의미가 함축되어 있다. 예로부터 전해 내려온 아래의 이야기에 따르면, 어느 날 한 사형수가 탈옥하자, 관청에서 이를 발견하고 사람을 풀어 사방을 수색하기 시작하였다. 사형수는 하루 종일 도망치느라 굶주림에 지쳐갔고, 그를 추격하는 관청 사람들이 포위망을 좁혀오자 그는 자신이 곧 잡힐 것이라는 것을 짐작할 수 있었다. 포기하는 마음으로 근처에 보이는 불교사원에 뛰어 들어가 안에 있는 불상들을 향해 빌고 또 빌며 진심으로 뉘우치기 시작했다. 스스로를 원망하며 부처님의 가르침을 듣지 않아 많은 죄를 지었다고 생각했다. 그리고 자신의 행동을 후회하며 불상의 발을 끌어안고 대성통곡하며 울기 시작했다. 그는 진심으로 반성하는 마음으로 머리에서 피가 나도록 쉬지 않고 부처님께 절을 하였다. 뒤에서 추격해 오던 관청 사람들은 그가 진심으로 뉘우치는 모습에 감동을 받아, 관청에 가서 이 사실을 알리고 그를 용서해 줄 것을 부탁해 그의 죄는 사면되었다.

그 후 부처님을 믿는 사람들이 점점 많아지면서, 이 이야기는 평소에는 준비하지 않고 일이 닥쳐서야 급하게 대처하는 행위를 뜻하는 의미로 변형되어 오늘날까지 전해 내려왔다.

"抱佛脚"常用于讽刺考试、检查前搞突击。含有嘲讽意。相传在很久以前，一个死囚越狱逃跑了，官府发现之后派人四处搜捕。那个罪犯跑了一天一夜，又饥又渴，精疲力尽。追捕他的人越来越近了，他知道自己早晚被抓住，便跑到一座古寺里，寺里供奉着释迦牟尼像，佛像高大庄严。一见佛像，他心里就悔恨不已，痛恨自己没听佛祖的教诲，以致犯下了死罪，于是，便抱着佛像的脚大哭起来。他边哭边磕头，把头都磕破了。追捕他的人被他真诚的忏悔感动了，于是转告官府，请求宽恕他，官府便赦免了他的死罪。后来，随着信佛的人越来越多，这个故事演变成了一句俗语，用以形容一些人平时没有准备，临时慌忙应付的行为。

예문

例 1 你每次都是在考试前一天才临时“**抱佛脚**”。

매번 시험보기 하루 전에야 급하게 **벼락치기** 공부를 한다.(부처 발을 안는다.)

例 2 十年苦读为今朝，迎考心态很重要。不能临时**抱佛脚**，越看越想心越慌。

십 년 동안 힘들게 공부해서 오늘까지 왔는데, 시험 보러 갈 때는 가벼운 마음가짐으로 가는 게 중요하다. 마지막까지 **벼락치기 공부**를 하거나 생각이 많으면 마음이 불안해진다.

擦屁股
cā pì gu

한자풀이

擦 : 문지를 찰 **屁** : 방귀 비 **股** : 넓적다리 고

뜻풀이

1. 엉덩이를 닦다, 남의 뒤치다꺼리를 하다.
2. 남에게 뒤치다꺼리를 맡기다.

예문

例 1 我负责产品售后服务的，也就是专门替公司**擦屁股**的，哪里出了问题就去哪里。

나는 제품의 사후관리(A/S)을 담당한다. 다시 말해 전문적으로 회사의 **뒤치다꺼리**를 해주는 일이다. 어디든 문제가 생기면 가서 해결해 준다.

例 2 他经常在外边打架惹事，每次都得我去替他**擦屁股**。

그는 늘 밖에서 싸움을 하거나 말썽을 일으키고, 나는 매번 그를 대신해 **뒤처리**를 해줘야 한다.

보충

주로 남들이 처리하기 어려운 일을 하거나 혹은 마무리, 보조 작업 등 부수적인 일을 처리하는 것으로 표현된다. 일반적으로 비방, 풍자, 원망의

의미가 함축되어 있다.

擦屁股 이용한 표현 방법 :

"跟在后面擦屁股" 뒤에서 엉덩이를 닦아라.

"替 / 为 / 给他擦屁股" 대신해서 / ~를 위해 / 그의 엉덩이를 닦아라.

"擦过屁股" 엉덩이를 닦아봤다.

"擦不完的屁股" 영원히 닦지 못할 엉덩이

"这个屁股我先帮你擦着" 이 엉덩이 내가 먼저 닦아줄게.

常用于处理别人丢下的难以处理的事情或做收尾工作、补救工作等，比如收拾烂摊子之类。含有贬义，有诙谐、抱怨的意味。

唱白脸, 唱红脸
chàng bái liăn, chàng hóng liăn

한자풀이

唱 : 부를 창 **白** : 흰 백 **脸** : 뺨 검 **红** : 붉을 홍

뜻풀이

문제를 해결하는 과정에서 한 사람은 착한 역할을, 다른 한 사람은 나쁜 역할을 맡아 함께 해결한다는 의미이다.

唱白脸 : 악역을 맡다.(중국의 구극舊劇에서 악역惡役을 맡은 이는 '白脸', 얼굴에 하얀 분을 바른 데에서 이 말이 나옴)

唱红脸 : 1. 호인 역을 맡다. 2. 남의 비위를 잘 맞추다. 관대하고 인정 많은 체하다.(중국의 구극舊劇에서 주인공은 '红脸', 얼굴의 분장을 붉게 한 데서 나온 말)

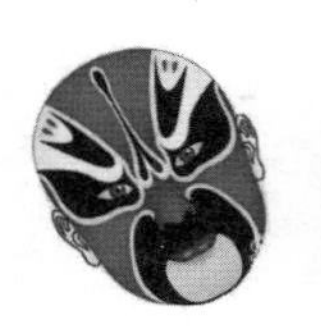

사진출처 : 百度网

역사유래

옛 부터 중국 전통연극에서는 주로 충신은 붉은 얼굴로, 역적이나 간신(나쁜 사람)은 하얀 얼굴로 분장하였던 것이 유래가 되어 오늘날까지도

붉은색 얼굴은 좋은 사람을, 하얀색 얼굴은 나쁜 사람을 대표하는 색이 되었다. 그러나 때로는 어떠한 사건을 처리할 때 좋은 말과 나쁜 말 모두 필요할 때가 있다. 이때 호인역과 악역은 함께 협력한다. 좋은 말 하는 사람은 붉은 얼굴, 나쁜 말 하는 사람은 하얀 얼굴로 역할을 맡아 같이 해결하는 것을 의미한다. 이것을 "有唱红脸, 有唱白脸的"라고 한다.

중국 전통극 중에 하나인 경극 검보(인물의 성격과 특징을 나타내려고 배역의 얼굴에 각종 채색 도안을 그린 것)에서 유래되었다.

붉은색은 충성스러움, 용맹, 강직을 상징하고, 하얀색은 간사하고 사악함을 상징한다.

在中国传统戏剧中，一般把忠臣(好人)扮成红脸，而把奸臣或者坏人扮成白脸。后来人们就用红脸代表好人，用白脸代表坏人。但是，更多的时候，是表示在做一件事情的时候，有的说好话、有的说坏话，"红脸"、"白脸"一起戏弄或欺骗当事人，这种情况被说成："有唱红脸的，有唱白脸的"。来自京剧脸谱，红脸——正直的象征。白脸——奸邪的象征。一个唱红脸一个唱白脸。

예문

例 1 在我家里，始终有一个人唱红脸，一个人唱白脸。**唱红脸**的是母亲，**唱白脸**的是父亲。

우리 집은 항상 호인 역, 악역을 한 명씩 맡곤 하는데, 호인 역은 주로 어머니가 맡으시고 악역은 아버지가 맡으신다.

例 2 当社交媒体**唱红脸**时，传统媒体就应该多**唱白脸**，这就是社会机制的分工。

현대 소셜미디어가 호인 역을 맡으면, 전통 미디어가 악역을 맡는다. 이것이 바로 사회 기제의 협력 구조이다.

耳根子软

ěr gēn zi ruǎn

한자풀이

耳 : 귀 이 **根** : 뿌리 근 **子** : 아들 자 **软** : 연할 연

뜻풀이

귀가 얇다. 자신의 주관이 뚜렷하지 못한 사람을 의미한다. '耳朵根子软'라고도 한다.

사진출처 : 百度网

예문

例 1 你这个人**耳根子**也太**软**了，街上推销的药你也敢买。

너라는 사람은 **귀가 너무 얇**아서, 길거리에서 팔리는 약도 다 사겠구나.

例 2 咱们董事长什么都好，就是**耳根子太软**了。

우리 사장님은 뭐든 다 좋다고 한다. 정말 **귀가 너무 얇다**.

제시

주로 누구에게나 잘 설득 당하고, 쉽게 감동을 받거나, 마음이 쉽게 흔들리는 사람 즉, 주관이 뚜렷하지 않은 사람을 표현할 때 쓰인다. 불만, 원망의 의미가 함축되어 있다.

耳根子软 이용한 표현 방법 :

"耳根子太 / 很 / 非常 / 真软" 귀가 너무 / 아주 / 몹시 / 진짜 얇다.

"耳根子太软可不行" 귀가 너무 얇으면 안 된다.

常用说明某人容易被说服，被感动或动摇，缺少主见。含有不满、抱怨意。可以说"耳根子太 / 很 / 非常 / 真软"、"耳根子太软可不行"等。

보충

"耳朵根硬[ěr duo gēn yìng](귀가 딱딱하다)"는 "주관이 뚜렷하다"라는 뜻이다. "耳根子软(귀가 얇다)"와 반대어이다. "타인을 쉽게 믿지 않는다"는 의미이다.

예를 들어 "我这个人耳朵根子硬，我不亲眼见到的事情，别人再怎么说我也不信"(나라는 사람은 귀가 너무 딱딱해서(주관이 너무 뚜렷해서), 직접 보지 않은 사건은 다른 사람이 아무리 말을 해도 믿지 않는다.)

"耳朵长[ěr duo cháng](귀가 길다)"는 능숙하게 정보에 빠른 사람으로 소식통 · 정보통을 의미한다.

耳朵根硬；耳朵长

"耳朵根硬"与"耳根子软"相对，指不容易轻信别人。也说"耳根子硬"。如：我这个人耳朵根子硬，我不亲眼见到的事情，别人再怎么说我也不信。"耳朵长"指善于打探消息、消息灵通。

红眼病
hóng yǎn bìng

한자풀이

红 : 붉은 홍　眼 : 눈 안　病 : 병 병

뜻풀이

1. 결막염.
2. 시샘 병. 남이 출세하고 유명해지는 것 또는 이익을 얻어 부유해지는 것을 부러워하고 시샘하는 심리를 의미한다.(=사촌이 땅을 사면 배가 아프다)

예문

例 1 不要看别人发财了就得**红眼病**，靠劳动挣钱比什么都好。
남이 돈 많이 벌었다고 **눈병 앓지 말고**, 스스로 열심히 노력해서 돈 버는 것이 그 무엇보다 좋은 방법이다.

例 2 我看他是得了**红眼病**，心里嫉妒。
내가 보기에 그는 **시샘병**에 걸린 것 같아. 마음 속에 질투가 가득해.

보충

질투

질투는 인간의 본성이지만, 경쟁의 방식은 사람마다 조금씩 다르다. 어떤 사람은 상대가 자신보다 우월한 상태를 보면 정당한 경쟁을 통하여 이겨보려고 노력한다. 어떤 사람은 상대가 자신보다 우월한 상태를 보면 몹시 괴로워하며 온갖 계략을 세워 상대를 망치려고 함정을 만들거나, 뜬소문을 만들어 퍼트리기도 하면서 상대방의 명예를 손상시키려고 한다. 이러한 방식으로 자신의 심리적 안정을 찾는 것이 질투이다.

嫉妒 [jí dù]

竞争是人类的本性，但是竞争的方式是有所不同的。有的人看到别人比自己好就会想到如何通过正当的竞争超过他。而有的人看到别人比自己好心里就特别难受，于是就千方百计毁损别人，或者为别人设置障碍，或者制造绯闻，败坏他人的名誉，用这种方式来使自己的心理得到平衡，这就是嫉妒。

将军肚
jiāng jūn dù

한자풀이

将：장수 장　**军**：군사 군　**肚**：배 두

뜻풀이

장군의 배, 전쟁터로 출정을 하지 않는 장군들은 하루아침에 살이 찌기 쉽다는 뜻으로 '장군배'라고 불렀다. 남자의 불룩하게 나온 배를 의미한다.

사진출처 : 百度网

예문

例 1 几年不见，**将军肚**出来了。

몇 년 못 본 사이에 **장군배**가 엄청 나왔구나.

例 2 你是应酬太多，喝酒喝的，我也想喝出个"**将军肚**"来，可是没机会。

당신은 접대하는 일이 많아 술을 많이 마셔서 생긴 것이다. 나는 술 좀 마시고 **장군배**를 갖고 싶어도 기회가 없다.

제시

장난이나 농담으로 많이 쓰인다. 예로부터 장군들은 보통 허리가 굵고 배가 불룩하였다. 이로 인해 백성들은 이런 볼록한 배를 '장군배'라고 불렀다.

将军肚 이용한 표현 방법 :

"将军肚真不小" 장군배 진짜 크다.

"将军肚越来越大了" 장군배가 점점 커진다.

"将军肚出来了" 장군배가 튀어 나왔다.

含幽默、诙谐意。可以说"将军肚真不小"、"将军肚越来越大了"、"将军肚出来了"等。古代的将军们普遍腰围大、肚子鼓。

보충

맥주배, 뚱뚱한 배啤酒肚[pí jiǔ dù], 몸이 좋아지다发福[fā fú]

啤酒肚 : "맥주배"는 맥주를 마셔서 찐 뱃살을 말한다.

예) 당신 또 맥주 마셔? 너 맥주배가 얼마나 커졌는지 한 번 봐!

发福 : 发福은 뚱뚱한 사람에게 말하는 부드러운 표현법이다. 주로 중년 이상의 사람에게 살이 쪘다고 말할 때 쓰이는 듣기 좋은 표현으로 "몸이 좋아지셨습니다发福"라고 쓰인다.

啤酒肚, 发福

"啤酒肚"因常饮啤酒会导致肚子发胖。如：你还喝啤酒，你不看看你的啤酒肚有多大了！"发福"是对胖的委婉的说法。有时候也开玩笑说越来越有"风度"("丰肚"的谐音)了。如：几年不见，您又发福了。

老鼻子
lǎo bí zi

한자풀이

老 : 늙을 로 **鼻** : 코 비 **子** : 아들 자

뜻풀이

대단히(아주) 많다.(보통 뒤에 '了' 또는 '啦'를 붙이다.)

사진출처 : 百度网

역사유래

옛부터 중국에서는 코가 오관五官(눈, 코, 입, 귀, 눈썹) 중에 중심이자 제일이라고 여겨서 코를 빗대어 첫 번째 혹은 가장 큰 것으로 표현하였다. 최초 창시자나 최초 개발자를 비조鼻祖라고 불렀으며, 집안에 첫 번째 자식을 비자鼻子, 비자의 아버지를 '늙은 코老鼻子'라고 불렀다.

《설문해자说文解字》 등 많은 고대 문헌에도 이런 표현이 나와 있으며 첫 번째 자식을 '鼻子'로, 첫 번째 자식이 나이가 많아지면 '늙은 코老鼻子'라고 표현하기도 했다. 이러한 표현 방식이 점점 변해서 '대단히 많다, 아주 많다'라는 오늘날의 의미로 자리 잡게 되었다.

'늙은 코老鼻子'라는 표현은 주로 북경, 천진, 동북, 교동 등 지역에서 많이 사용된다.

因为古人认为鼻子是五官之首，所以用鼻子来形容第一，最大的。某创始人开发者也被称为鼻祖。因此古人还有一个很有趣的说法，他们称长子为"鼻子"，因此有句话叫大鼻子他爹老鼻子，外人对他人父亲称呼老鼻子。清朝段玉裁的《说文解字注》中就记载道："今俗以始生子为鼻子。"宋朝，王应麟的《汉制考》和梁章钜的《称谓录》中都称始生子为鼻子，也就是把家中第一个孩子称为"鼻子"。老鼻子形容长子的年龄大。慢慢的演变为形容一种东西数量很多的意思。说老鼻子的地方主要集中在北京、天津、东北、胶东等地。

예문

例 1 他发表的论文**老鼻子**了。

그가 발표한 논문은 아주 많다.

例 2 我们家乡**老鼻子**这种花了。

우리 고향에 이런 꽃이 매우 많다.

제시

재미, 과장된 의미로 사용되며 보통 뒤에 '了'를 붙여서 쓴다.

老鼻子 이용한 표현 방법：

"这种东西我们那儿老鼻子了" 이런 물건은 우리 쪽에 엄청 많다.

"他看了老鼻子的书" 그는 대단히 많은 책을 읽었다.

含幽默、夸张意味。可以说"老鼻子……了"、"这种东西我们那儿老鼻子了"、"他看了老鼻子的书"等。

气管炎
qì guǎn yán

한자풀이

气 : 기운 기　**管** : 대롱 관　**炎** : 불꽃 염

뜻풀이

기관지염. 공처가妻管严[qī guǎn yán]의 음을 빌려 만든 말로, 아내를 무서워하는 남편을 비유한다.

사진출처 : 新浪网

역사유래

중국의 저명한 만담의 대가 '马季'의 작품에서 유래되었다.(相声 : 설창 문예의 일종)

예문

例 1 小李的老婆是个母老虎, 他什么都听老婆的, 是个**气(妻)管炎(严)**。
이군의 아내는 암호랑이다. 이군은 무엇이든 아내 말만 듣는 공처가이다.

例 2 你结婚以后怎么变成个**气(妻)管炎(严)**?
너 어떻게 결혼 후에 공처가로 변했니?

제시

주로 매우 온순하고 성실한 남자들에게 사용되는 표현이다. 장난과 놀림의 표현이기도 하다.

常用于说男的过于老实，有时候是开玩笑。含有幽默、戏谑意味。

사진출처 : 百度网

보충

신삼종사덕新三从四德 [xīn sān cóng sì dé]

옛부터 내려오던 '三从四德'는 삼종지도三從之道와 사덕四德으로 남존여비사상과 유교사상의 영향으로 여성이 마땅히 갖추어야 할 미덕과 윤리 덕목이다. '삼종지도三从之道'란 여자는 어려서 아버지를, 결혼해서는 남편을, 남편이 죽은 후에는 자식에게 복종해야 한다는 것이고, 사덕四德이란 여자로서 갖추어야 할 마음씨·말씨·맵시·솜씨를 가리킨다.

그러나 이제 여성의 사회적 지위가 점점 높아지고, 남존여비사상의 전통도 크게 바뀌면서, 여성은 가정과 사회에서 독립적이고 자주적인 지위를 갖게 되었다. 많은 남성들도 더 이상 과거처럼 여성을 대하지 않고, 전통적으로 내려오던 가부장적인 틀을 내려놓았다. 심지어 여성을 존중하고, 일부 남성은 아내를 무서워하기도 한다. 일종의 '气管炎(공처가, 아내를 무서워하는 남편)'라는 병에 걸렸다고도 한다. 그리고 더 나아가 '新

三从四得'라는 것이 생겨났다.

이는 기존의 '三从四德'과 반대 입장이자 다소 과장된 의미로 변화되었다. 삼종三从 : 아내가 문을 나서면 따라야 하고, 아내가 명령하면 복종해야 하고, 아내가 틀려도 못 본 척 복종해야 한다. 사덕四德 : 아내가 화장하면 기다려야 하고, 아내 생일은 기억해야 하며, 아내가 돈을 쓰면 아까워 말아야 하며, 아내가 때리고 욕설을 해도 참아야 한다.

新三从四德

随着女性社会地位的提高，传统的男尊女卑思想有了很大改变，女性在家庭和社会上都有了独立自主的地位。很多男人不再像过去那样对待女性，摆大男子主义的架子，而是尊重女性，甚至有的男人害怕女人，得了所谓的气管炎，而新"三从四德"更是夸张了这一变化，如：太太出门要跟从，太太命令要服从，太太错了要盲从；太太化妆要等得，太太生日要记得，太太花钱要舍得，太太打骂要忍得。

耍贫嘴
shuǎ pín zuǐ

한자풀이

耍 : 희롱할 사 **贫** : 가난할 빈 **嘴** : 부리 취

뜻풀이

수다를 떨다. 쓸데없는 얘기를 하다. 잔소리하다. 잡담을 늘어놓다.

사진출처 : 百度网

예문

例 1 小张在单位爱和那些未婚的姑娘们**耍贫嘴**。
장군은 회사에서 미혼 여성 직원들과 **수다 떨기**를 좋아한다.

例 2 你最好多做少说，不要光**耍嘴皮子**功夫。
너는 최대한 말을 삼가해라, **입 놀리는** 재주를 부려서는 안 된다.

보충

보통 말만하고 행동하지 않는 사람, 끊임없이 쓸데없는 말을 하는 사

람, 농담을 즐기는 사람, 입담만 뽐내는 사람을 두고 하는 표현이다. 보통 이러한 사람들을 무시하거나 원망하는 표현으로 쓰이며, 말을 적게 하라는 충고를 할 때도 쓰인다. 비방, 풍자, 책망의 의미가 함축되어 있다.

耍贫嘴 이용한 표현 방법 :

"少耍贫嘴" 쓸데없는 말 좀 적게 해.

"耍了半天贫嘴" 반나절이나 잡담을 했어.

"耍什么贫嘴" 무슨 수다를 그렇게 떨어.

"净耍贫嘴" 수다를 떨게 했다.

"跟……耍贫嘴" ~와 수다 떨다.

"就知道耍嘴皮子的人" 오직 입만 살아 있는 사람 밖에 모른다.

常用于光说不干实事的人没完没了地说废话或玩笑话，卖弄口才。常表示对这种人看不起或抱怨，也用于劝人少说些。含有贬义，有嘲讽、责备意味。可以说"少耍贫嘴"、"耍了半天贫嘴"、"耍什么贫嘴"、"净耍贫嘴"、"跟……耍贫嘴"、"就知道耍嘴皮子的人"等。

眼高手低

yǎn gāo shǒu dī

한자풀이

眼 : 눈 안　高 : 높을 고　手 : 손 수　低 : 낮을 저

뜻풀이

1. 눈만 높고 솜씨는 없다. 바라는 수준은 높지만 실제 능력은 부족하다.
2. 비판하는 능력은 좋지만 정작 자신의 실력은 없다.

사진출처 : 百度网

출전

청清 · 진학陈确* 《여오중목서与吴仲木书》에서는, "예를 들어 가난만 벗어나려 하고, 붓을 들지 않으면, 결국에는 눈만 높고 실력은 서툴러서 쉽게 함정에 빠질 수 있다."라고 했다.

* 진학陈确(1604-1677), 명말明末, 청초清初 철학가이자, 송명宋明 이학理学 대표 인물 중 한 명임.

清·陈确《与吴仲木书》:“譬操觚家一味研穷休理，不轻下笔，终是眼高手生低，鲜能入彀。”

예문

例 1 不然，仍旧脱离不了教条主义和党八股，这叫做**眼高手低**，志大才疏，没有结果的。

여전히 틀에 박힌 방식을 벗어나지 못한다면, **눈만 높을 뿐 정작 자신의 실력은 형편없다.** 뜻은 크지만 재능이 없다는 말과 같이 결과물을 만들어 내지 못 할 것이다.

例 2 他光会说大道理，一动手就错误百出，真是**眼高手低**。

그는 도리(이치)만 따질 줄 알고, 실제 하는 행동에는 실수가 태반이다. 정말 **눈만 높고 실력은 없다.**

보충

이 단어는 주로 부정적인 의미로 사용되며, 좋은 것을 바라기만 하고 성실히 실천하지 않는 사람에게 쓰이는 말이다. 주로 바라기만 하지 말고 성실히 노력하길 바라는 마음을 표현한 단어이다.

또한 폄의어로 “본인 스스로의 실력은 모르고 다른 사람을 비방하며 무시하기 쉽다.”라는 의미도 있다.

유의어로는 ‘志大才疏’[zhì dà cái shū](뜻은 크지만 재능이 없다.)라는 말이 있다.

这是一个贬义词，如果有人对你说，说明那个人希望你变得好一些，与之相对的一个词叫志大才疏，这个词可以归为贬义词，相当于对人家说：也不看看自己几斤几两，很容易打消别人的积极性。

第二章 饮食名称

음식

背黑锅
bēi hēi guō

한자풀이

背 : 등 배　黑 : 검을 흑　锅 : 노구솥 과

뜻풀이

남의 죄를 뒤집어 쓰다. 누명을 쓰다. 무고한 죄를 입다.

사진출처 : 百度网

예문

例 1 儿子名声不好，老子也跟着**背黑锅**。
아들의 소문이 좋지 않아 아버지도 **누명을 뒤집어 썼다.**

例 2 黄文总是让我替他**背黑锅**，气死我了，我一定要把实情告诉领导。
황문은 늘 나에게 **누명을 뒤집어 씌운다.** 너무 화가 나서 나는 반드시 이 사실을 사장에게 알릴 것이다.

제시

주로 남에게 억울함을 당했다는 의미로 쓰이지만, 때로는 "운이 나쁘다"는 의미로도 쓰인다. 비방과 풍자의 의미가 함축되어 있다.

背黑锅 이용한 표현 방법 :
"背上了黑锅" 누명을 뒤집어 씌었다.
"背了一辈子的黑锅" 평생 뒤집어 쓴 누명

常用于被人冤枉，有时也指跟着倒霉。含有贬义，有诙谐意味。可以说"背上了黑锅"、"背了一辈子的黑锅"等等。

보충

십자가를 지다 背十字架

십자가를 지는 것은 고대 로마 제국의 형벌 중 하나이다. 손발을 십자가에 못으로 박아 천천히 죽게 하는 것이다.《신약성서新约全书》기록에 의하면 예수님이 십자가에 못 박혀 죽은 후, 기독교인들은 이 십자가를 고난과 죽음의 상징으로 여겨왔다. 어떤 이상이나 목적을 위해 고난과 고통을 겪는 것을 비유한 것이다.

背十字架 이용한 표현 방법 :

"背上 / 起这个十字架" 이 십자가를 매다./ 들다.

"背着 / 过 / 了十字架" 십자가를 맸다./ 십자가를 매봤다.

"这个十字架背不起" 이 십자가를 맬 수가 없다.

"背着沉重的十字架" 아주 무거운 십자가를 맸다.

背十字架[bēi shízìjià]

"背十字架", "十字架"是罗马帝国时代的一种刑具, 把人的手脚钉在上面, 使他慢慢致死。《新约全书》记载, 耶稣就是被钉死在十字架上的, 所以基督徒把十字架当作受苦、死难的象征或标志。比喻为了某种理想或目的遭受苦难和痛苦的折磨。可以说"背上 / 起这个十字架"、"背着 / 过 / 了十字架"、"这个十字架背不起"、"背着沉重的十字架"等。

炒冷饭
chǎo lěng fàn

한자풀이

炒 : 볶을 초 **冷** : 찰 랭, 물소리 령 **饭** : 밥 반

뜻풀이

찬밥을 데우다. 이전에 했던 말이나 행동을 되풀이하여 새로울 것이 없다는 의미이다.

출전

순리孙犁* 《운재소담芸斋琐谈》에서 처음 쓰였으며 "내가 보기엔 재탕한 것이라서 읽어봐도 별 맛이 안 난다我认为是炒冷饭, 读起来没有味道"로 쓴 예가 있다. 여기서 '찬밥冷饭'은 이전에 이미 했던 말이나 사건을 의미한다.

문학작품에서 창의성이 없는 것을 비유한 것이다. 요즘은 회화에서 많이 쓰이며, 새로운 관점이 없거나 창의적이지 못한 작품 등을 비방할 때 사용된다.

---

* 손리孙犁(1913-2002)의 본명은 손수훈孙树勋으로 하북성 안평현河北省安平县 사람이다. 현당대 저명한 소설가, 산문가이며, 중국 공산당 당원, 항일 노병사, 하화전파荷花淀派의 창시자로 불린다.
  주요작품: 《풍운초지风云初记》, 《백양진기사白洋淀纪事》, 《쇠목전전铁木前传》 등이 있다.

孙犁《芸斋琐谈》:“我认为是炒冷饭，读起来没有味道。”在这里借“冷饭”比喻过去已经说过的话或者出现过的事情。属于在文学作品当中创造出来的比喻性说法。现今在口语里经常使用，多用于贬义，指缺乏新意，没有创新的观点或者作品。

예문

例 1 他说这项议案完全毫无意义，而这种东西每隔一段时间就会有人拿出来**炒冷饭**。

그는 이 안건이 전혀 무의미하다고 하지만 이런 종류는 항상 일정 기간마다 시간이 지나면 누군가가 **재탕**해서 내놓는 것이다.

例 2 周星驰这次的电影票房不够理想，被媒体批评为又在“**炒冷饭**”。

주성치의 이번 영화는 흥행에 실패했고, 언론에서는 “또 **재탕**을 했다”며 비판을 쏟아내었다.

炒鱿鱼
chǎo yóu yú

한자풀이

炒 : 볶을 초 **鱿** : 오징어 우 **鱼** : 물고기 어

뜻풀이

오징어 볶음. 오징어를 볶으면 돌돌 말리는 모양이 이불을 말아(보따리를 싼 모습) 떠나는 모습 같다고 하여 '퇴직하다, 해고되다'라는 의미가 되었다.

사진출처 : 百度网

역사유래

직장 등에서 '해고당하다', '사직하다'라는 의미로 광동어에서 유래되었다. 농촌에서 일자리를 찾아 도시(광동이나 홍콩)로 오는 외지 사람들이 자신의 이불을 돌돌 말아 가지고 다니고, 또 해고나 사직이 되면 다시 자신의 이불을 돌돌 말아 떠났던 모습에서 '이불을 말다卷铺盖'는 해고의 의미가 되었다. 나중에는 이런 모습이 오징어 볶은 후 돌돌 말린 모습과

비슷하여 '오징어를 볶다炒鱿鱼'로 불리게 되었다.

"炒鱿鱼"现常被用来表示被辞退、解雇甚至开除。它来自于粤方言。以前，到广东或香港做工的外地人都是自带铺盖，如果被辞退，就只好卷起铺盖走人。被解雇的人一般很忌讳"解雇、辞退"这些说法，所以常用"卷铺盖"来代替被解雇。如：如果再干不好，明天你们就给我卷铺盖走人。后来人们发现炒鱿鱼时鱿鱼的样子和卷起的铺盖外形相像，就用"炒鱿鱼"代替了"卷铺盖"。

예문

例 1 他因为工作经常迟到被老板**炒鱿鱼**了。
그는 자주 지각을 해서 사장님께 **해고 당했다.**

例 2 听说咱们部门经理被**炒鱿鱼**了，是真的吗？
우리 부서 책임자가 **해고됐다고** 하던데 정말이야?

제시

직장에서 품행이 안 좋아 해고당하는 경우나, 직원이 스스로 사직을 원할 때 쓰이며我炒了老板的鱿鱼, 농담으로도 사용되기도 한다.

炒鱿鱼 이용한 표현 방법 :
"被炒鱿鱼了" 해고당했다.
"让老板炒了鱿鱼" 사장님한테 해고당했다.
"我炒了老板的鱿鱼" 내가 사장을 해고하였다.(직원이 스스로 사직함)
"炒了他的鱿鱼" 그에게 해고당했다.
"被炒过三次鱿鱼" 3번이나 해고당했다.
"被炒了" 잘렸다.

常用于因工作表现不好被老板辞退，有时候员工主动辞职也可以幽默地说“我炒了老板的鱿鱼”。含幽默、诙谐意味。可以说“被炒鱿鱼了”、“让老板炒了鱿鱼”、“炒了他的鱿鱼”、“被炒过三次鱿鱼”等，也可以简单地说“被炒了”、“炒了他”。

吃闭门羹
chī bì mén gēng

한자풀이

吃: 말 더듬을 흘 **闭**: 닫을 폐 **门**: 문 문 **羹**: 국 갱, 이름 랑

뜻풀이

1. 주인에게 문 밖으로 쫓겨나다. 문전박대를 당하다.
2. 헛걸음하다. (남의 집을 방문하였으나 주인이 없거나 문이 잠겨 있는 상황)

사진출처 : 百度网

역사유래

당唐나라의 풍지冯贽가 집필한 《운선잡기云仙杂记》에 기록되어 있다.

당나라 때 자태가 빼어나게 아름다운 기생 사봉史凤라고 있었는데, 그녀는 악기, 바둑, 서예, 그림 등 하나 같이 다 능통했으며, 많은 젊은 남성들이 그녀를 만나기를 희망했다.

그러나 그녀를 만나는 일은 좀처럼 쉬운 일이 아니었다. 그녀를 만나기

위해서는 그녀가 제시한 조건을 만족시켜야만 했는데, 첫 번째 조건으로는 반드시 시를 지어 올려야 된다. 두 번째는 지어 올린 시가 그녀의 마음에 들어야 비로소 그녀를 만나볼 수 있었다고 한다.

그러므로 시를 짓지 못하는 손님이나 시를 지었어도 그 시가 그녀의 마음에 들지 못하면 거절의 뜻을 완곡하게 표현하여 손님에게 죽[羹] 한 그릇을 대접하였다. 손님들도 죽[羹]이 나오면 거절의 의미로 알아듣고 알아서 돌아갔다고 한다.

그 이후 사람들은 "闭门羹"는 문전박대의 뜻으로 전해 내려오면서 거절의 대명사로 자리 잡게 되었다.

据唐代冯贽《云仙杂记》记载，唐朝有一位歌妓叫史凤，她长得如花似玉，而且琴、棋、书、画样样精通，于是年轻的男子纷纷来拜访她，希望与她成为朋友，但是一般人见不到她。因为她会客时有个条件：即客人必须先献上一首诗，她看中诗之后，才愿意与客人一见，然后才有可能谈到交朋友。如果客人不会作诗，或者献上的诗不被她看中，她就叫家里人在门口以一碗羹相待，婉言拒绝会客。时间长了，来访的客人们见了羹，便会主动告辞了。日后人们便把"闭门羹"作为拒绝的代名词流传下来。

예문

例 1 昨天我去你们家玩，可惜**吃了个闭门羹**！
내가 어제 너희 집에 놀러 갔었는데 아쉽게도 **문전박대**를 당했어!

例 2 相比而言，熊猫阿宝一开始只是养父面馆里的伙计，在不断遭遇跌跌绊绊，屡**吃闭门羹**之后，最终成为了技艺高超的功夫大侠。
예를 들어 말하면, 영화 쿵푸팬더에서 주인공 팬더 포는 처음에 시작할 땐 양부모의 국수집에서 일을 하는 점원일 뿐 이었다. 그러나 계속 쿵푸 고수가 되고자 노력했고, 많은 역경에 부딪치며, 문전박대를 당했지만, 끊임없는 노력으로 결국 기예가 뛰어난 쿵푸 고수가 되었다.

보충

羹은 고대 때에는 양고기를 찌거나 삶아서 만든 죽(또는 수프)이었으나, 이후 점점 야채를 넣어 찌거나 삶아서 만든 죽으로 변하였다. 지금은 과일이나 야채 등 여러 식재료들로 만든 죽으로 발전되었다. 예를 들면 중국에서 쉽게 먹을 수 있는 밤과 쌀 죽, 연근 죽 등이 있다.

지금은 진액식품(녹즙)들도 '죽' 또는 '수프'라고 한다.

羹在古代是指羊肉制成的糊状食品。后来慢慢的素食也做羹。凡是将粮食、果品和蔬菜煮成有浓汁的食品，都可以称为羹，如我们吃过的粟米羹、莲子羹等，到如今人们连普通的浓汁食品也称为羹了。

吃醋
chī cù

한자풀이

吃 : 말 더듬을 흘　**醋** : 초 초, 돌릴 작

뜻풀이

질투가 심하다, 시기하다. 특히 이성 간의 질투를 말한다.

사진출처 : 百度网

역사유래

당唐 황제 이세민李世民은 아끼는 대신인 방현령房玄齡(당나라 대신 위징魏徵(580-643)이라고도 함)의 공로를 표창하고자 아름다운 두 명의 미인을 첩으로 하사하였다.

방현령은 황제의 하사를 거절할 수 없었으나, 자신의 아내가 노여워할까 걱정되어 황제에게 무서운 아내가 허락하지 않을 것 같다고 고백하였다.

그래서 황제는 방현령의 아내를 직접 찾아가 첩 하사를 허락하든지 아

니면 독주를 마시라고 명령하였다. 황제는 첩 하사를 허락할 것이라고 예상하였으나 방현령의 아내는 한치의 망설임도 없이 단숨에 독주를 들이켰다.

사실 황제가 준 독주는 식초였다. 황제는 독주를 모두 마신 방현령의 아내에게 맛이 어떠한지 물었다. 그녀가 식초를 마신 것 같다고 대답한 것이 유래가 되어 훗날 많은 사람들이 “吃醋(식초를 마시다)”는 남녀 간의 질투심을 의미하게 되었다.

传说唐朝的皇帝李世民为了表彰大臣房玄龄(也有的说是魏徵)的功劳，就赏赐给他两名美女。房玄龄既不敢拒绝皇帝的赏赐，又害怕妻子知道会发脾气，只好告诉皇帝，他的妻子很厉害，肯定不会同意这件事的。于是，皇帝就请房夫人来到宫中，命令她要么同意，要么就“赐饮自尽”(即喝皇帝给的毒酒自杀)，二者只能选其一。没想到房夫人竟然拿起酒壶，二话没说就把酒喝了下去。其实程咬金(另一名大将)早已经让人把毒酒换成了醋，等房夫人喝下以后，他故意问：“味道怎么样？”，房夫人回答：“和吃醋差不多。”后来人们就用“吃醋”比喻男女之间因为情爱而产生的嫉妒心理。

예문

例 1 他的女朋友特别爱**吃醋**，不允许他和别的女孩子说话。

그의 여자 친구는 **질투심**이 매우 강하다. 그가 다른 여자들과 이야기하는 것조차 허락하지 않는다.

例 2 你**吃什么醋**啊？没想到你还是个**醋坛子**。

너 무슨 **질투**를 하니? 네가 **질투가 심한 여자(식초항아리)**인걸 생각지도 못했네.

제시

주로 남녀 사이 질투를 의미한다. 식초를 먹는다는 것은 매우 시큼한 느낌을 준다. 이러한 느낌이 남녀 사이의 감정을 표현해 준다. 유머와 해학의 의미가 함축되어 있다.

常用于男女之间。吃醋的感觉让人感觉酸酸的，这种感觉非常形象地表现了男女之间的一种情感。含幽默、诙谐意。可以说“吃什么醋”、“吃……的醋”、“爱吃醋”、“吃的哪门子醋”等。

吃豆腐
chī dòu fu

한자풀이

吃 : 말 더듬을 흘 豆 : 콩 두 腐 : 썩을 부

뜻풀이

1. 여자를 희롱하는 것을 비유한다.
2. 사람을 놀리다, 야유하다, 골려주다라는 의미이다.

사진출처 : 百度网

역사유래

역사적 유래는 다음 두 종류가 있다.

첫 번째로는 옛날 중국에서 조문객들에게 대접하는 음식 중에는 두부가 있었다. 그래서 "상갓집에 가서 두부를 먹는다"는 말에서 유래되었다. "두부를 먹는다" 혹은 "두부 밥을 먹는다吃豆腐饭"라고도 한다.

또한 조문객 중에는 조문을 하러 오는 것이 아니라 자신의 허기를 채우기 위해 상갓집에 가서 밥을 먹기도 했다. 이것이 유래가 되어 두부를 먹는다는 뜻은 '문상하다' 이외에 '저렴하다', '싸다'라는 의미로 발전하였다. 주로 남자가 여자를 가볍게 여길 때 많이 쓰인다.

두 번째로는 고대 장안거리에 두부 파는 거리가 있었다. 그 시대에 두부를 만들어 파는 일은 맷돌로 갈아 찌꺼기를 거르는 등 매우 힘든 과정이었다. 부부가 같이 힘을 합쳐 두부 장사를 하였다. 남편은 밤에 힘든 과정을 여러 번 거쳐 두부를 만들고, 아내는 낮에 만들어진 두부를 시장에 나가서 팔곤 했다.

어느 날 아내는 두부를 더 많이 팔아보고자 손님을 끌기 위해서 교태를 부리면서 장사를 하였다. 원래 외모가 빼어나 남자 손님들이 이 여자를 보기 위해 두부가게에 모여들었다. 두부가게에 와서 두부를 사며 돈을 건넬 때 손을 만지는 등 치근덕거리기도 하였다. 그러나 이런 남자 손님들의 아내들은 매우 불쾌하게 생각했고, 남편이 집에 늦게 돌아오면 "당신 오늘도 두부 사먹으러 갔어?你是不是又去吃豆腐了"라고 한 것이 유래가 되어 오늘날 사용하고 있는 "두부를 먹다吃豆腐."는 "남자가 여자를 희롱하다, 놀리다"의 의미로 발전하게 되었다.

第一种说法是旧时丧家准备的饭菜中有豆腐，所以去丧家吊唁吃饭叫吃豆腐，也叫吃豆腐饭。有些人为了填饱自己的肚皮，经常厚着脸皮去蹭饭吃，时间久了，"吃豆腐"便有了占便宜的意思。而把"吃豆腐"用在男人对女人的上面，就有男人占女人便宜的意思了。

还有一种说法是传说古代长安的街头经常有买豆腐的，而古代做豆腐是一件很辛苦的活，需要经过拉磨，滤渣等过程，于是，卖豆腐一般都是夫妻二人齐心协力才能够完成的。也因为此，丈夫一般都是在家里做豆腐，做好的豆腐就由妻子拿到集市上去卖。但是卖豆腐的人家也比较多，这个时候老板娘就想起了卖弄风情招徕顾客这一个办法。由于老板娘本人原本就生得细皮嫩肉，也招那些男人的喜欢，所以很多男人就以买豆腐之名去与老板娘调情。但是这样的事老婆知道后就会很生气，一旦男人们回家晚了妻子就会训斥丈夫说：“你是不是又去吃豆腐了？”久而久之，“吃豆腐”就成了男人们揩油的代名词。

예문

例 1 他总是**吃女同事的豆腐**，女同事都很讨厌他，躲着他。

그는 늘 **여자 동료들을 놀린다**. 여자 동료들은 다 그를 싫어해서 피한다.

例 2 你别乱**吃豆腐**,她可不好惹。

너 **그녀를 놀리지** 마라. 그녀는 아무나 함부로 건드릴 수 없는 사람이다.

제시

주로 남성이 여성을 희롱하거나 놀리는 경우에 사용되며, 가벼운 장난이나 농담으로도 쓰인다.

吃豆腐 이용한 표현 방법 :

“吃……的豆腐” ~를 희롱하다, 놀리다.

“偷吃……的豆腐” 몰래 ~을 희롱하다 놀리다.

“被 / 让 / 叫……吃了豆腐” ~에게 / ~한테서 / ~가 놀림을 당하다.

常用于男性戏弄女性，有时也指拿人开玩笑或调侃。含幽默、戏谑意。可以说“吃……的豆腐”、“偷吃……的豆腐”、“被 / 让 / 叫……吃了豆腐”等。

吃干饭
chī gān fàn

한자풀이

吃 : 말 더듬을 흘　**干** : 방패 간 줄기 간　**饭** : 밥 반

뜻풀이

밥만 축내는 사람. 아무 능력도 쓸모도 없는 사람을 뜻한다.

예문

例 1 咱们公司有些人光拿钱不干活, **吃干饭**。
우리 회사에 어떤 사람들은 월급만 받지 하는 일은 없다. **쓸모없는 사람이다.**

例 2 你也老大不小的了, 还不出去找个工作, 还每天在家里**吃干饭**。
너 이제 나이도 먹을 만큼 먹었는데, 아직도 나가서 일 안하고 매일 집에서 **밥만 축내니?**

제시

주로 공짜 밥을 먹거나 무료로 특별 대우를 즐기는 것을 비난하는데 쓰인다. 일 안하는 사람 또는 능력이 없는 사람을 의미한다. 비난과 혐오의 의미가 함축되어 있다.

吃干饭을 이용한 표현 방법 :

"吃干饭的" 밥만 축내는 사람

"白吃饭" 밥만 먹는다.

"吃了 / 过 / 着干饭" 밥만 축냈다. / 밥을 축냈다. / 밥을 축내고 있다.

"吃了一年的干饭" 1년 동안 밥만 축냈다.

"吃不惯闲饭" 놀고 먹는 건 못한다.

常用于指责某人白白吃饭或者享受着某种待遇。可以指没有工作的人，也可以指那种不劳而获或没有本事的人。含有指责、厌恶意。可以说"吃干饭的"、"白吃饭"、"吃了 / 过 / 着干饭"、"吃了一年的干饭"、"吃不惯闲饭"等。

보충

吃白饭[chī bái fàn]

맨밥만 먹다. 밥값을 내지 않다. 다른 사람한테 의지해 남에 집에 얹혀 산다는 의미이다.

吃白食[chī bái shí]도 같은 의미로 사용된다.

예1) 他家里穷，买不起菜，所以只能每天**吃白饭**。

그의 집안은 너무 가난하여 식재료를 살 돈도 없어서 매일 **얻어먹는다**.

예2) 你不能总在我家里呆着**吃白饭**啊。

당신은 계속 내 집에서 **공짜 밥만 먹을** 수는 없다.

吃闲饭[chī xián fàn]

밥만 축내고, 빈둥빈둥 놀고먹다. 경제적인 소득 없이 식객 노릇을 한다는 의미이다.

예) 两个孩子都工作了，都有收入，只有我这个老头子是**吃闲饭**的。

두 아이들은 다 일하고 돈을 벌고 있는데, 이 늙은이만 빈둥빈둥

밥만 축내고 있다.

吃现成饭[chī xiàn chéng fàn]

앉아서 남이 다 해놓은 밥을 먹는다. 자기는 노력하지 않고 남의 성과로 자신이 누린다는 의미이다.

예) 现在很多独生女动手能力差，总**吃现成饭**。

요즘 많은 외동 딸들은 스스로의 능력이 부족하여 늘 **다 해놓은 밥만 먹으려 한다**.

吃白饭；吃白食；吃闲饭；吃现成饭

吃白饭指不干活(多指没有工作)，也指寄居别人家，靠别人生活。也说“吃白食”。如：他家里穷，买不起菜，所以只能每天吃白饭。/ 你不能总在我家里呆着吃白饭啊。“吃闲饭”指吃饭而不做事，也指没有工作，没有经济收入。如：两个孩子都工作了，都有收入，只有我这个老头子是吃闲饭的。“吃现成饭”指吃已经做好的饭，比喻自己不出力，享受别人的成果。如：现在很多独生女动手能力差，总吃现成饭。

吃软饭
chī ruǎn fàn

한자풀이

吃 : 말 더듬을 흘　**软** : 연할 연　**饭** : 밥 반

뜻풀이

남자가 여자에게 빌붙어 생활한다는 의미이다.

사진출처 : 百度网

예문

例 1 我也是个大男人, 可不愿意**吃你的软饭**。

나도 남잔데 여자한테 **빌붙어** 먹는 밥은 싫다.

例 2 **吃软饭**的男人下场会很惨,甚至还连累到女人。

여자한테 **빌붙어** 먹는 남자는 노후가 비참할 뿐만 아니라, 심지어 여자 때문에 고생을 할 것이다.

제시

주로 무능한 남자가 여자에게 의지해 사는 것을 의미한다. 폄하와 풍자하는 의미가 함축되어 있다.

吃软饭 이용한 표현 방법 :

"靠吃软饭" 빌붙어 먹는다.

"吃软饭的男人" 여자한테 의지해 사는 남자

"吃……的软饭" ~에게 빌붙어 먹는 사람

常用于说男的没有本事，依赖女的。含有贬义，有幽默、戏谑意。可以说"靠吃软饭"、"吃软饭的男人"、"吃……的软饭"等。

보충

傍大款[bàng dàkuǎn]

여자가 돈 많은 남자한테 달라붙다.(보통 그 남자의 정부 된다는 것을 말함.) 반대로 남자가 돈 많은 여자에게 달라붙는다는 의미로 사용될 때는 '傍富婆'라고 한다.

傍大款 이용한 표현 방법 :

"傍个大款" 돈 많은 남자한테 달라붙다. / 돈 많은 남자 꼬시기

"傍上 / 起了大款" 돈 많은 갑부를 꼬셨다.

"傍傍大款" 돈 많은 사람한테 붙었다.

"大款傍上了" 큰 돈 있는 사람한테 붙었다.

傍大款

"傍大款"一般指女子依附于有钱的男人。如果男的找了有钱的女人，可说"傍富婆"。常说"傍个大款"、"傍上 / 起了大款"、"傍傍大款"、"大款傍上了"等。

定心丸
dìng xīn wán

한자풀이

定 : 정할 정　**心** : 마음 심　**丸** : 둥글 환

뜻풀이

진정제. 마음을 안정시키는 효과가 있는 한의약의 종류이다. 생각이나 정서를 안정시키는 말이나 행동을 비유한다.

사진출처 : 百度网

예문

例 1 女朋友终于同意五一和我结婚了，这让我吃了一颗**定心丸**。
여자친구가 5월 1일에 결혼하는 걸 허락했다. 이제 **마음을 좀 놓을 수 있어.**

例 2 可不是，直到收到录取通知书他才像吃了**定心丸**儿一样安下心来。
누가 아니래. 입학통지서를 받고 나서야 겨우 **안심이 되어** 마음을 가다듬었어.

제시

주로 확신할 때, 승낙할 때, 위로할 때 많이 쓰인다.

定心丸 이용한 표현 방법 :

"吃了定心丸儿" 진정제 먹었어.

"给……吃定心丸儿" ~에게 진정제 하나 줘.

"吃了一颗定心丸儿" 진정제 한 알 먹어.

常用于得到确实、承诺、安慰时。可以说"吃了定心丸儿"、"给……吃定心丸儿"、"吃了一颗定心丸儿"等。

万金油
wàn jīn yóu

한자풀이

万 : 일만 만　**金** : 쇠 금　**油** : 기름 유

뜻풀이

만금유. 옛날에는 '청량유'라고도 불렸으며, 두통이나 피부병 기타 가벼운 병을 치료하는 만병통치 연고이다. 무엇이든 다 할 줄 알지만 무엇 하나 뛰어나게 할 줄 모르는 사람을 비유한다.

사진출처 : 万金油产品实图(좌), 百度网(우)

역사유래

'만금유万金油'는 호문호胡文虎, 호문표胡文豹 형제가 발명한 약품이다. 광동, 홍콩, 마카오, 동남아지역 등에서 많이 사용되며, 광동어로 사람에게 '만금유'라고 하면 "여러 방면에 능통하나, 어느 하나 전문적이지 못하다."라는 뜻으로 쓰이고, 만금유의 약효처럼 눈앞에 보이는 문제를 가리기만 하고 본질적인 문제를 해결하지 않을 때 쓰이기도 한다.(우리가 알고 있는 홍콩이나 대만에서 많이 팔리는 호랑이표 연고이다.)

"万金油"是胡文虎、胡文豹兄弟发明、创办的一种药油，风行广东、港澳、东南亚等地。而广州话称人为"万金油"者，是表示这个人各方面都有些办法，样样都懂一点，但都不专，可以临时解决问题，但不能彻底解决，俗称"治标不治本"，就象"万金油"的药效一样。

예문

例 1 学校师资比较匮乏，所以老师都成了**万金油**，让教什么就得教什么。
학교에 교사 재원이 부족하여 모든 선생님들이 다 **만금유**가 되어야 한다. 무슨 과목이든 가르치라고 하면 바로 가르쳐야 한다.

例 2 我们这里专业性比较强，需要引进的是专业性人才，而不需要**万金油**。
우리는 전문성이 많이 요구되는 직종으로 **만금유**가 아닌 전문성을 갖춘 인재를 영입해야 한다.

제시

보통 어느 분야에도 전문적이지 못하고, 여러 분야를 두루두루 조금씩 알고 있어서 무슨 일이든 대처할 수 있는 사람을 뜻한다. 폄하와 풍자하는 의미가 함축되어 있다. 때로는 겸손함을 표현할 때 쓰이기도 한다.

万金油 이용한 표현 방법 :
"万金油式的人物" 만금유 같은 인물
"是个万金油" 만금유구나.
"变成了万金油" 만금유 같이 변했어.

常用于什么都不精通，但什么都懂一点，什么都能应付一下的人。含有贬义，有嘲讽、戏谑意味。有时也表示谦虚。可以说"万金油式的人物"、"是个万金油"、"变成了万金油"等。

第三章 服饰名称

의복

穿小鞋
chuān xiǎo xié

한자풀이

穿 : 뚫을 천　**小** : 작을 소　**鞋** : 신 혜

뜻풀이

암암리에 앙갚음을 하는 행동. 아무도 모르게(고의적으로) 괴롭히거나 난처하게 하는 행위를 비유한다.

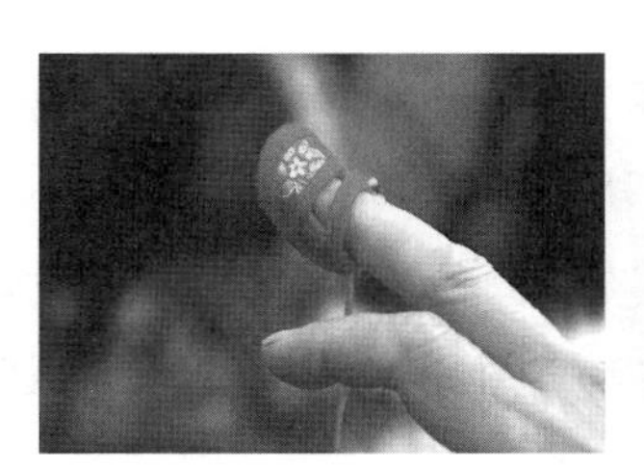

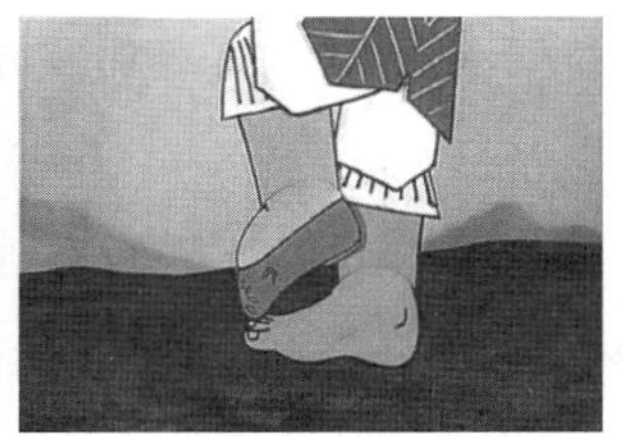

사진출처 : 百度网

예문

例 1 不管高半级还是一级，都是上司，他们给你**穿小鞋**就危险万分了。
반 급수가 높든 한 급수가 높든 그들은 모두 너의 상사다. 바로 윗 상사가 **괴롭히는** 것이 진짜 위험한 것이다.

例 2 请他万万不要把自己的姓名泄漏了，以免万一被人家**穿小鞋**。
그에게 반드시 본인의 이름을 누설하지 말라고 하세요. 혹여나 다른 사람들에게 이름이 알려져서 **난처해지는 상황**이 되지 않게 해야 되요.

역사유래

예전에 중국에서는 부모님들끼리 혼인이 성사되면 신랑 집에서 신부의 발 치수에 맞게 수를 놓은 신발을 만들어 보내고, 신부는 신랑 집에서 보내온 신발을 신고 혼례를 치르는 전통이 있었다. 이것은 북송北宋시대의 고사에서 전해지는 이야기이다.

북송 때 교옥巧玉이라는 아가씨가 있었다. 그녀의 계모는 못생기고 벙어리인 부자에게 그녀를 시집보내려고 했으나, 교옥은 그 혼례를 완강히 거부했다. 계모는 더 이상 강요할 수가 없어지자 줄곧 그녀를 골탕 먹일 방법을 궁리하였다.

어느 날 우연히 한 중매쟁이 노파가 나타나서 교옥에게 훌륭한 신랑감을 소개시켜 주었고, 교옥도 그 사람을 아주 마음에 들어 했다. 계모는 그녀 몰래 작은 치수의 신발을 중매쟁이를 통해 남자 집에 전달했고, 남자 집에서는 그 치수에 맞게 수를 놓은 신발을 신부 집에 보내 왔다. 혼례 당일 날 아침 교옥이 신발을 신으려 하자 터무니없이 작은 치수의 신발이 들어갈 리가 없었다. 결국 그녀는 가마에 올라 탈 수가 없었다. 이 후 그녀는 부끄럽고 속상한 마음에 스스로 목을 매달아 자살을 하였고, 많은 사람들은 교옥의 사건을 매우 안타까워했다.

그 후 사람들은 몰래 뒤에서 보복성 행동으로 공격을 하거나 자신의 권력을 이용해 괴롭히는 행동을 일컬어 '작은 신발 신기穿小鞋'라고 부르기 시작했다.

相传北宋时，有一个名叫巧玉的姑娘，她的后娘要将她许配给一个又丑又哑的有钱人，巧玉坚决不从。后娘也没有办法，便暗暗想法子整治她。恰逢有一位媒婆，把巧玉说给一位秀才。巧玉很中意，后母却在背地里剪了一双很小的鞋样子，让媒婆带给男方。巧玉出嫁那天，这双鞋怎么也穿不上，害得她上不了轿。她又羞，又恼，又急，一气之下便上吊自尽了。人们非常惋惜。后来，人们将此引申到社会生活中，用来专指那些在背后使坏点子整人，或利用某种职权寻机置人于困境的人为"给人穿小鞋"。也指上级对下级或人与人之间进行打击报复，都称为"穿小鞋"。

戴高帽
dài gāo mào

한자풀이

戴 : 일 대　**高** : 높을 고　**帽** : 모자 모

뜻풀이

높은 모자를 쓰다. 남을 치켜 세워주고 아첨하는 것을 비유한다.

사진출처 : 百度网

예문

例 1 他可真会给领导**儿戴高帽儿**。

그는 정말 윗사람에게 **아첨할 줄 안다**.

例 2 别给我**戴高帽子**了，我只是研究着玩玩。

저를 너무 **치켜세우지** 마세요. 저는 연구하는 것을 즐기는 것뿐입니다.

제시

주로 사회에서 아첨하는 사람들의 행동을 비판하며 사용된다. 상대의 아첨을 거절할 때도 사용할 수 있다. 폄하하는 의미가 함축되어 있다.

戴高帽 이용한 표현 방법 :

"戴起了高帽儿" 높은 모자를 쓰다.

"戴上一顶高帽儿" 머리 위에 높은 모자를 쓰다.

"为 / 给……戴上高帽儿" ~위해 / ~에게 높은 모자를 쓰다.

"乱戴高帽儿" 높은 모자를 제멋대로 쓰다.

"戴了很多高帽儿" 높은 모자를 너무 많이 썼다.

"这高帽儿不用你给我戴" 이 높은 모자 나한테 씌워 줄 필요 없다.

"戴戴高帽儿" 높은 모자를 쓰다.

常用于批评社会上恭维人的现象，也可用于回绝别人的恭维。含有贬义。可以说"戴起了高帽儿"、"戴上一顶高帽儿"、"为 / 给……戴上高帽儿"、"乱戴高帽儿"、"戴了很多高帽儿"、"这高帽儿不用你给我戴"、"戴戴高帽儿"等。

보충

어느 관료가 외지로 파견업무를 맡아 떠나려 하자, 그의 스승께서 "외지 일은 어려움이 많으니 늘 조심하여라."며 조언을 하였다.

그러자 그가 스승님께 대답하길 "스승님 걱정 마세요. 저는 백 개의 높은 모자를 준비 해 갑니다. 사람을 만날 때 마다 한 개씩 주면 일하기가 매우 쉬워집니다."

이 대답을 들은 스승님은 몹시 화가 나 그를 꾸짖으며 말씀하셨다. "관료는 모름지기 바르고 정직해야 된다. 아첨하거나 거짓으로 상대방을 치켜세우는 행동을 하면 안 된다."

스승님의 말씀을 듣고 관료는 고개를 끄덕이며 스승님께 말했다. "스승님처럼 치켜세우는 것을 싫어하는 사람이 몇 명이나 있을 거 같으세요?"

그 말을 들은 스승님은 조금 전 불같이 내던 화를 기쁨으로 승화시켜 대답하시길, "그 말이야 말로 거짓이 아니구나!"

관료가 마지막으로 말하길, "전 이제 높은 모자가 99개밖에 안 남았어요!"

一个京官要去外地任职，老师告诫他说："外地的官不好当，你要小心谨慎才行。"京官说："老师放心，我准备了一百顶高帽子，逢人便送他一顶，这官就好当了。"老师听了很生气，训斥他说："我们为官要清正，不能搞拍马屁、戴高帽那一套。"京官点头说："像您这样不喜欢戴高帽的能有几个！"老师转怒为喜，说："这话倒是不假！"京官心里说："我这下只剩九十九顶高帽子了！"

戴绿帽子
dài lǜ mào zi

한자풀이

戴 : 일 대　绿 : 푸를 록　帽 : 모자 모　子 : 아들 자

뜻풀이

녹색 모자를 쓰다. 자신의 아내(혹은 애인)에게 다른 애인이 있는 것을 비유한다.

想开点，兄弟！

사진출처 : 百度网

역사유래

"녹색 모자를 쓰다绿帽子"에 관한 이야기는 몇 가지가 있으나 그 중 한 이야기는 원元나라 때부터 전해 내려온 것이다. 매춘하는 여자의 가족과 친족의 남자들은 외출할 때에 반드시 청색 두건을 둘러야 했다. 그때의 청색 두건은 지금의 녹색수건이 되었다. 당시에는 기녀가 없었으며, 남녀가 서로 원하면 바로 하늘이 이불이 되고 땅이 침대가 되어 사랑을 나누었다.

이 후 몽고군이 남하하여 중원 내륙으로 진입하자 그들은 중국내륙에 있는 기녀방을 보고 못 마땅하게 생각했다. 원나라 통치자들은 기녀들에

게 보라색 옷을 입게 하고, 기방에서 일하는 남자들에게는 녹색 두건을 쓰도록 규정하였다. 이것은 일반인과 기방 사람들을 쉽게 알아보기 위해서였다.

이후 명청明清시대에도 원나라 때의 규정을 지켜왔고, 오늘날까지 이어져 내려와 중국 남자들이 가장 무서워하는 녹색모자라는 단어를 사용하게 된 것이다.

关于"戴绿帽子"的传说有很多种，其中一说来自元朝。《元典章》规定：娼妓的家长和亲属中的男子裹青头巾。"青头巾"即"绿头巾"。当时在蒙古没有娼妓，大草原上的男女只要愿意，马上就会天当被子地当床。等到蒙古军南下进了中原，他们看不惯中原人开设的妓院，于是元朝统治者就规定妓女穿紫衣，在妓院里做工的男人戴绿头巾，以示与常人的区别。明清继承了元制。延续至今，就诞生了中国男人最怕的一顶帽子——绿帽子。

예문

例 1 妻子给他**戴上了绿帽子**，他还不知道，孩子不是他的！
아내가 남편에게 **녹색 모자**를 씌웠다. 그는 아직도 아이가 본인의 자식이 아닌 걸 모른다.

例 2 他妻子在外面有人了，谁喜欢被**戴绿帽**子啊？
그의 아내는 따로 만나는 사람이 있다. 누가 **녹색 모자** 쓰이는 일을 좋아하겠는가?

제시

폄하의 의미가 함축되어 있다.

戴绿帽子 이용한 표현 방법 :

"给丈夫戴了顶绿帽子" 남편 머리에 녹색 모자를 씌우다.

"绿帽子戴上了" 녹색 모자를 썼다.

"戴上绿帽子" 녹색 모자를 썼다.

含有贬义。可以说"给丈夫戴了顶绿帽子"、"绿帽子戴上了"、"戴上绿帽子"等。

隔靴搔痒
gé xuē sāo yǎng

한자풀이

隔 : 사이 뜰 격　靴 : 신 화　搔 : 긁을 소　痒 : 가려울 양

뜻풀이

신발 신고 발바닥 긁기. 요점을 제대로 파악하지 못한 채 헛수고만 하여 문제를 해결하지 못한다는 의미로 애써 노력했지만 성과가 없을 때 쓰는 말이다.(=수박 겉핥기)

사진출처 : 口袋巴士网站(좌) 百度网(우)

출전

불교에서 많이 쓰인 말로 《오등회원五灯会元》 제8권(강산계은선사康山契稳禅师)에서 스님이 물으시길, "원명圆明의 침묵은 스승님의 뜻이 아니셨습니까? 그러나 제 배움이 너무 부족하여 이해하기 어렵습니다."

스승님이 대답하시길, "변별이 명확하지가 않다."

스님이 말하길, "그렇다면 알고 계신 지식들이 모두 아무런 근거도 없

는 배움이었네요!"

스승님이 대답하시길, "신을 신고 가려운 곳을 긁는 것과 같다."

《五灯会元》卷八[康山契稳禅师]："问：'圆明湛寂非师意，学人因底却无明？'(契稳)师曰：'辨得也未？'曰：'恁么则识性无根去也。'师曰：'隔靴搔痒。'"

예문

例 1 我虽然听你说过巴黎的一切，但因尚未亲自前去体会，总觉**隔靴搔痒**，甚不过瘾。

나는 당신에게 프랑스 파리에 대하여 많은 이야기를 들었지만 아직 직접 가보지 못해 **신발 신고 발바닥을 긁은 것처럼** 만족스럽지 못하다.

例 2 他提的意见虽多，却都是**隔靴搔痒**，无法切中要点。

그가 의견을 많이 내긴 했지만, 모두 **신발을 신고 발바닥을 긁은 것과** 같이 중요한 내용은 하나도 없다.

假面具
jiǎ miàn jù

한자풀이

假: 거짓 가　**面**: 낯 면　**具**: 갖출 구

뜻풀이

가면을 쓰다. 위선적인 겉모습을 비유한다.

사진출처 : 百度网

예문

例 1 我最讨厌戴着**假面具**生活的人了。

나는 가면을 쓴 사람(가식적인 사람)을 가장 싫어한다.

例 2 快把你的**假面具**摘下来吧，我早就把你看透了。

빨리 너의 거짓 가면을 벗어라. 나는 벌써 너를 꿰뚫어 보았다.

제시

혐오하는 의미가 함축되어 있다.

假面具 이용한 표현 방법 :

“戴了一个假面具” 거짓 가면을 쓰고 있다.

“戴着假面具做人” 위선적인 사람

戴起 / 上假面具” 거짓 가면을 쓴 모습

“摘下 / 拿下 / 扔掉 / 揭开……的假面具” 가식적인 모습을 내려놓아라.

含有厌恶意。可以说“戴了一个假面具”、“戴着假面具做人”、“戴起 / 上假面具”、“摘下 / 拿下 / 扔掉 / 揭开……的假面具”等。

量体裁衣
liàng tǐ cái yī

한자풀이

量 : 헤아릴 양 **体** : 몸 체 **裁** : 마를 재 **衣** : 옷 의

뜻풀이

몸의 치수를 재어 옷을 재단하다. 실제 상황에 따라 적합하게 일을 처리한다는 의미이다.(=누울 자리를 봐 가며 발을 뻗는다.)

사진출처 : 百度网

예문

例 1 盖什么房子，用什么材料，这也同**量体裁衣**一样。

어떤 집을 짓고, 어떤 재료를 쓰는지, 이것 역시 그때의 **상황에 맞게 처리해야** 한다.

例 2 俗话说看菜吃饭、**量体裁衣**，怎么赚钱怎么花

옛말에 반찬을 보고 밥을 먹으라는 말이 있다. **상황에 맞게 소비해**

야지, 요즘 젊은이들은 버는 대로 다 써버리니 이런 절약 정신을 모른다.

역사유래

명明 나라 때 북경에 유명한 재봉사가 있었다. 그 재봉사가 만든 옷은 길이와 품이 몸에 딱 알맞게 맞았다.

어느 날 어사대부御史大夫(관직명)가 재봉사에게 조복朝服을 만들어 달라고 부탁하였다. 재봉사는 허리치수를 잰 다음 어사대부에게 물었다. "관리가 되신 지는 얼마나 되셨습니까?" 어사대부는 이상한 질문이라 생각하여 재봉사에게 되물었다. "옷이나 몸에 맞도록 잘 지으면 그것으로 충분한데, 어찌하여 관계없는 질문을 하는가?"

이에 재봉사가 대답하였다. "젊은 사람이 처음으로 높은 관직에 오르게 되면 남보다 잘났다고 생각하여 자만심이 넘쳐 걸을 때 가슴을 쭉 펴고 배를 내밀게 됩니다. 그렇기 때문에 옷을 만들 때 뒤는 짧고 앞이 길어야 합니다. 그리고 관리가 된 후 어느 정도 시간이 지나면 감정도 평온해지기 때문에 옷의 앞뒤 길이가 모두 일정해야 합니다. 마지막으로 관리가 된 지 오래 되어서 관직을 옮겨야 하거나 물러나야 하는 상황이라면 우울하고, 힘도 없어서 걸을 때 고개를 숙이고 허리를 굽히게 됩니다. 그렇기 때문에 옷을 지을 때 앞은 짧고 뒤는 길게 해야 합니다. 만약 제가 이러한 것을 묻지 않는다면 어찌 마음과 몸에 꼭 맞는 옷을 만들어 낼 수 있겠습니까?"

어사대부는 재봉사의 뛰어난 솜씨는 옷에 치수를 잘 재고 옷을 잘 만드는 것 뿐만 아니라 대상의 특징을 잘 집어내어 "길고 짧음의 이치"를 깨달은 것에서 비롯된 것임을 알게 되었다.

"明朝嘉靖年间，北京城中有位裁缝名气很响，他裁制的衣服，长短肥瘦，无不合体。一次，御史大夫请他去裁制一件朝服。裁缝量好了他的身腰尺寸，又问：“请教老爷，您当官当了多少年了？”御史大夫很奇怪：“你量体裁衣就够了，还要问这些干什么？”裁缝回答说：“年青相公初任高职，意高气盛，走路时挺胸凸肚，裁衣要后短前长；做官有了一定年资，意气微平，衣服应前后一般长短；当官年久而将迁退，则内心悒郁不振，走路时低头弯腰，做的衣服就应前短后长。所以，我如果不问明做官的年资，怎么能裁出称心合体的衣服来呢？”御史大夫认为这个裁缝高明之处，就在于他不仅是按照成衣法量尺寸，定式样，而且善于把握对象的特点，从中悟出“短长之理”来。

牵红线
qiān hóng xiàn

한자풀이

牵 : 이끌 견 **红** : 붉은 홍 **线** : 줄 선

뜻풀이

중매하다. 짝을 소개해주다. 소개팅을 주선하다. 다리를 놓아 주다.

[유의어] 牵线 [qiān xiàn] 잇다. 주선하다.
牵线搭桥 [qiān xiàn dā qiáo] 줄을 놓다. 이어 맺게 하다.
搭鹊桥 [dā quèqiáo] 중매를 서다.

사진출처 : 百度网

예문

例 1 我妈妈经常给一些青年男女**牵红线**，做红媒。
우리 엄마는 늘 젊은 남녀들을 이어주려고 한다.

例 2 我们两家公司能够合作多亏你**牵红线**啊！

우리 두 회사가 협업을 할 수 있는 건 당신이 잘 **이어줬기** 때문이다.

제시

주로 사람을 소개해 주는 사람을 말한다.(중매자)

牵红线이용한 표현 방법 :

“为 / 给 / 替……牵红线” ~을 위해 / ~에게 / ~대신해 중매를 서다.

“牵过红线” 중매를 선 적이 있다.

“牵起了红线” 소개해 주었다.

“牵牵红线” 서로 이어줬다.

“这个红线我来牵” 이번 중매는 내가 한 거다.

常用于给人介绍对象。

可以说“为 / 给 / 替……牵红线”、“牵过红线”、“牵起了红线”、“牵牵红线”、“这个红线我来牵”等。

보충

중매쟁이红娘[Hóng niáng]

月老(=月下老人[yuè xià lǎo rén]) 혼인을 주선하는 신선, 중매인.

‘红娘[Hóng niáng]’은 중국 고전 희곡 작품인《서상기西厢记》에 나오는 최앵앵의 시녀이다. 그녀는 똑똑하고, 대담하고, 천진난만했으며 봉건제도를 부정하였고, 적극적으로 최앵앵과 가난한 선비인 장생张生의 혼인을 성사시켰다. 그 후 홍낭红娘은 중매쟁이 혹은 다른 사람의 결혼을 원만하게 성사되도록 돕는 대명사가 되었다.

예) 我们俩结婚是李阿姨当的**红娘**。

우리 둘의 결혼은 이 씨 아줌마가 **중매를** 섰다.

我们两个公司的合作还要多感谢你这个**红娘**呢！
우리 두 회사의 협업을 **성사 시킨** 당신에게 감사해야 된다!

'月老'은 당唐나라 이복언李复言의 《속유괴록续幽怪录 · 정혼점定婚店》에서 나왔다.
'月下老人'은 남녀의 인연을 맺어 주는 신이다. 나중에 중매쟁이媒人로 불리게 되었다. 손에 붉은 끈을 들고 전생에 이미 정해진 결혼 인연에 따라 연분이 있는 남녀가 태어날 때 붉은 끈을 남녀의 발목에 각각 묶어 준다. 그러면 두 사람이 자연히 부부의 연을 맺게 되는 것이다. 그래서 '붉은 끈红线'이라고도 불린다.

'月下老人', '月老', '牵红线'은 "사람들에게 중매를 서다"라는 의미이다.
예) 谁是你们俩的**月老**啊？
누가 당신들 둘을 이어준 **중매쟁**이인가요?

牵红线的人不是别人，正是我现在的婆婆。
우리를 **중매 해준** 사람은 다른 사람이 아니라 바로 지금 저의 시어머니입니다.

红娘；月老；月下老人

"红娘"本是元杂剧《西厢记》中的人物，是崔莺莺的婢女。她聪明、大胆、天真，蔑视封建礼教，热心促成了莺莺和贫寒书生张生的婚姻。后常用来指媒人或婚姻介绍所，也指沟通双方关系的团体或个人。如：我们俩结婚是李阿姨当的红娘。/ 我们两个公司的合作还要多感谢你这个红娘呢！"月老"出自唐朝李复言《续幽怪录 · 定婚店》。"月下老人"中主管婚姻的神，后来被作为"媒人"。因为"月老"有"赤绳"(即红绳子)，如果把它系在男女双方的脚上，就会成为夫妻，所以又把“红线”等称为姻缘。“牵红线”就是给人“作媒”的意思。如：谁是你们俩的月老啊？/ 牵红线的人不是别人，正是我现在的婆婆。

乌纱帽
wū shā mào

한자풀이

乌 : 까마귀 오　纱 : 비단 사　帽 : 모자 모

뜻풀이

오사모. 고대 때 관리가 쓴 모자. 관직, 감투를 뜻한다.

사진출처 : 百度网

역사유래

고대에는 모자로 햇빛을 가리기도 하고 비를 막기도 하였으며, 신분을 상징하기도 하였다. 오사모乌纱帽는 당나라 때부터 관리들만 쓸 수 있는 모자로 지정되었다. 황제를 만나거나, 연회를 참석하거나, 손님을 접대할 때 반드시 작용해야 되는 모자가 되었다.

오사모는 검은 천으로 만들어, 양쪽으로 딱딱한 날개가 뻗쳐 나오도록 규정했는데, 걸을 때 아래위로 움직여서 관료들은 항상 조심조심 걷는 습관을 길러야 했다.

북송 때 전해져 온 이야기에 의하면, 대신이 몰래 궁에서 나와 길을 걷는 중 한 노인을 만났다. 그 노인은 바로 무릎을 꿇고 예의를 갖췄다. 그 대신은 이상하게 여겨 그 노인에게 물었다. "어르신 저는 조정 대신이 아닌데 왜 저에게 이렇게까지 예의를 갖추십니까?"하니, 그 노인은 웃으면서 대답했다. "조정 대신님 저의 눈을 속일 수는 없습니다. 방금 좁은 골목에서 여기저기 두리번거리며 머리를 조심하여 걷는 모습이 딱 관료인 것을 알았습니다. 비록 관복은 안 입으셨지만 저는 조정대신의 신분임을 알 수 있었습니다."

在古代，帽子不仅是一种遮阳、挡雨的用具，也是一种身份等级的标志。到了唐代，乌纱帽正式成为官服的组成部分，官员们朝见皇帝、参加宴会、会见宾客时必须穿戴。由于乌纱帽两边的硬翅各有一尺多长，走起路来上下颤动，所以官员们走路都养成了小心翼翼的习惯。传说北宋时期一位大臣微服私访，在路上遇到一位老翁，老翁见到他就跪拜迎送，十分恭敬。大臣很奇怪，故意问他："老人家，我不是朝中大臣，你为什么对我这么客气？"老翁笑着说："大人不要再瞒我了，刚才你过窄巷时，左看右看，生怕碰着你的头顶，说明你是戴乌纱帽的。现在虽然没穿官服，但我还是能看出你的身份。"

예문

例 1 他能冒着丢**乌纱帽**的风险帮我们？

그가 **감투를** 버릴 위험을 감수하고 우리를 도울 수 있습니까?

例 2 这件事如果你不彻底调查清楚我就把你的**乌纱帽**给摘了。
만약에 이 일을 당신이 철저하게 조사하지 않는다면, 당신의 직급은 해고될 것입니다.

제시

乌纱帽 이용한 표현 방법 :
"戴上 / 摘下 / 丢了乌纱帽" 관직에 오르다 / 관직을 내려놓다 / 관직을 잃다
"戴着这顶乌纱帽" 저 높은 관직을 오르다.
"把乌纱帽摘下来" 관직을 내려놓다.
"乌纱帽的作用" 관직의 작용
"戴过几年乌纱帽" 몇 년 동안 관직에 올라봤다.
"戴着乌纱帽" 관직을 맡다.
"头顶乌纱帽" 맨 위의 관직
"保住 / 看重这顶乌纱帽" 관직을 지켜내다. / 중시하다.

可以说"戴上 / 摘下 / 丢了乌纱帽"、"戴着这顶乌纱帽"、"把乌纱帽摘下来"、"乌纱帽的作用"、"戴过几年乌纱帽"、"戴着乌纱帽"、"保住 / 看重这顶乌纱帽"、"头顶乌纱帽"等。

西洋镜
xī yáng jìng

한자풀이

西 : 서녘 서　洋 : 큰 바다 양　镜 : 거울 경

뜻풀이

'서양경'이라 하여 서민 오락 기구 중 하나이다. 몇 장의 배경 그림이 들어가 있는 상자 안을 보면 옆에서 변사가 이야기로 설명한다. 관중들은 원근법과 채색 등에 따라 다양한 화면을 볼 수 있다. 지금은 새로운 물건에 대한 호기심을 의미한다. 또 사람을 속이는 수단을 뜻하기도 한다.

사진출처 : 百度网

예문

例 1 这些小孩子见到这架充气飞机模型就像见到**西洋镜**似的都围了上来。
이 아이들은 충전용 모형 비행기를 보고 마치 **서양경**을 보듯 빙 둘러 싸여 구경하였다.

例 2 证据都在我们手中，你们的**西洋镜**早已经被我们拆穿了，别假装可怜了。

모든 증거가 다 우리 손에 있다. 당신들의 그 **속임수**는 이미 우리에게다 들켰으니, 더 이상 불쌍한 척 하지 말아라.

보충

서양경西洋镜[xīyángjìng]

서양경은 일명 '拉大洋片'라고도 한다. 청清나라 때 생겼으며, 길거리 예술의 하나이다. 예술인들이 화면을 보여주면서 꽹과리를 치고 노래도 불러준다. '서양경'을 보는 사람은 의자에 앉아(어린이는 바닥에) 나무 상자의 작은 구멍을 통해 상자 안을 관람한다. 주로 다루는 내용은 '무서운 아내', '아내를 무서워하는 남편' 등을 소재로 한 민간 희곡 소설이며, 때로는 외국의 풍경, 교통, 풍습, 복장 등의 영향을 받은 내용들도 있었다.

또한 '拆穿西洋镜'은 사기꾼의 수법을 알아냈다, 속임수를 들켰다 등의 의미로도 사용되며, 같은 표현으로 "戳穿西洋镜"도 있다.

西洋镜

'西洋镜'俗称拉大洋片，起源于清末民初，属街头卖艺人一种行当。卖艺人边拉洋片，边敲小锣，边唱小调，很热闹。看西洋镜的人坐在凳上(小孩立在地上)，从镜孔中观看，一般一文钱一次。内容有中国传统"十怕妻"、"小丈夫"等民间戏说，也有反映外国风光、交通、习俗、服饰等内容的。而"拆穿西洋镜"则比喻骗人的伎俩被人发现了、揭穿了，也说"戳穿西洋镜"。

有色眼镜
yǒu sè yǎn jìng

한자풀이

有 : 있을 유　**色** : 빛 색　**眼** : 눈 안　**镜** : 거울 경

뜻풀이

색 안경을 끼다. 고정관념 혹은 편견을 뜻한다.

사진출처 : 百度网

예문

例 1 妈，你不能戴着**有色眼镜**看人啊，他已经改过自新了。
엄마, 색안경 끼고 사람을 보지 마세요. 그 사람 이제 새로워졌어요.

例 2 人不可能不戴着**有色眼镜**啊，等你吃亏了你就知道了。
사람을 볼 때 색안경을 끼면 안 된다. 나중에 당신이 힘든 일이 생겼을 때 이게 무슨 뜻인지 알게 될 것이다.

제시

주로 편견을 가지고 사람이나 사물을 보는 것을 뜻하며 폄하, 해학, 풍자의 의미가 함축되어 있다.

有色眼镜 이용한 표현 방법 :

"戴有色眼镜" 색안경을 끼다.

"戴着有色眼镜" 색안경을 끼고 있다.

"不要戴着有色眼镜看人" 색안경을 끼고 사람을 보면 안 된다.

常用于带有偏见地看待人或事物。含有贬义，含幽默、讥讽意味。可以说"戴有色眼镜"、"戴着有色眼镜"、"不要戴着有色眼镜看人"等。

第四章 居住名称

거주

安乐窝

ān lè wō

한자풀이

安 : 편안 안 **乐** : 즐길 낙 **窝** : 움집 와

뜻풀이

보금자리. 조용하고 편안한 숙소를 가리킨다.

사진출처 : 네이버(좌), 百度网(우)

역사유래

보금자리安乐窝는 《송사宋史》 제427권 《도학열전일道学列传一 · 소옹邵

雍》에 기록되어 있다. 송나라 소옹邵雍*은 자신의 호를 '안락선생安乐先生'이라 정하고 소문산苏门山에 은거하면서 그곳이 가장 편안한 보금자리로 여겼다하여 이 말이 생겨나게 되었다. 그 후 낙양洛阳, 천진교天津桥 등 남쪽으로 이사를 가면서 여전히 이 이름을 사용하였다. 이후 '보금자리'라는 의미로 오늘날까지 사용되고 있다.

安乐窝，典故名，典出《宋史》卷四百二十七《道学列传一 · 邵雍》。宋邵雍自号安乐先生，隐居苏门山，名其居为"安乐窝"。后迁洛阳天津桥南仍用此名。后泛指安静舒适的住处。

예문

例 1 我建议人们离开**安乐窝**，去到另一个世界体验一下。
나는 사람들이 편안한 **보금자리**를 떠나 또 다른 새로운 세상을 경험해 볼 것을 제안한다.

例 2 他没有雄心壮志,不肯离开自己的**安乐窝**,到外面闯一闯。
그는 거대한 이상과 포부가 없다. 자신의 **보금자리**를 떠나 새로운 경험을 쌓는 것을 원하지 않는다.

---

* 소옹邵雍(1011~1077). 송宋나라의 학자이다. 자는 요부尧夫, 호는 안락선생安乐先生으로 하남河南에서 살았다. 도가사상의 영향을 받아 유교의 역철학易哲学을 발전시켜 수리철학数理哲学을 만들었다. 저서로는 《관물편观物篇》, 《이천격양집伊川击壤集》, 《황극경세서皇极经世书》 등이 있다.

打入冷宫
dǎ rù lěng gōng

한자풀이

打 : 칠 타　**入** : 들 입　**冷** : 찰 랭 물소리 영　**宫** : 집 궁

뜻풀이

냉궁으로 보내다. 냉궁은 총애를 잃은 후궁이 사는 곳이다. 옛 소설이나 희극에서는 왕이 싫어하는 왕비를 궁 안에 연금했던 곳을 가리킨다. 아무도 상대 하지 않는다. 거들떠보지 않는다. 냉대하다. 찬밥신세가 되다라는 의미이다.

예문

例 1 爸爸，这个电视剧里的皇后为什么被**打入了冷宫**？
아빠, 이 드라마 안에 황후는 왜 **냉궁**에 갇혀있어요?

例 2 新的董事会成立以后，领导层变动很大，以前的很多经理被**打入了冷宫**。
새로운 이사회가 생기고 나서, 임원들의 자리 이동이 많아졌다. 기존에 많은 임원들이 **찬밥 신세**가 되었다.

제시

"주로 사람들이 신경 쓰지 않는 허술한 곳에 물건을 둬라." 혹은 "그 사람을 중요한 자리에 임용 하지마라."라는 의미이다.

打入冷宫 이용한 표현 방법 :

"打入了/过冷宫" 찬밥 신세다 / 찬밥 신세가 되었다.

"被 / 让 / 叫……打入 / 进过 冷宫" ~에게 / ~에 의해 / ~에 의하여 찬밥 신세가 되다. / 찬밥신세로 들어왔다.

"把……打入冷宫" 바로~거들떠보지 않는 처지이다.

常指东西放到没人注意的地方或人不被重用。可以说"打入了 / 过冷宫"、"被 / 让 / 叫……打入 / 进过冷宫"、"把……打入冷宫"等。

顶梁柱
dǐng liáng zhù

한자풀이

顶 : 정수리 정　**梁** : 들보 양　**柱** : 기둥 주

뜻풀이

대들보를 떠받치는 기둥. 주춧돌. 주요하게 작용하는 핵심이나 중요 인물을 뜻한다.

사진출처 : 百度网

예문

例 1　他现在可是我们公司的**顶梁柱**，是挑大梁的。

그는 지금 우리 회사의 **주춧돌**이다. 큰 짐을 짊어졌다.

例 2 自从父亲去世后，哥哥就成了家里的**顶梁柱**。

부모님께서 돌아가시고 나서 오빠가 바로 집안의 기둥이 되었다.

제시

보통 가정이나 단체에서 중요한 인물을 뜻한다. 칭찬 또는 긍정적인 의미가 함축되어 있다.

顶梁柱 이용한 표현 방법 :

"是 / 成为 / 当……的顶梁柱" 핵심 역량을 갖춘 인물이 되었다.

"当上 / 起了…… 的顶梁柱" 핵심 인물이 되다.

一般指家庭中或集体中的重要人物。含有褒义。可以说"是 / 成为 / 当……的顶梁柱"、"当上 / 起了……的顶梁柱"等。

보충

挑大梁[tiǎo dà liáng] (연극 등에서) 주요 배역(주역)을 맡다. 핵심적인 인물이라는 의미이다.

挑重担[tiǎo zhòng dàn] 무거운 짐을 지다, 중대한 임무를 떠맡다.

挑担子[tiǎo dàn zi], 担担子[dàn dàn zi] 짐을 짊어지다, 부담을 지다, 중임을 떠맡다.

核心人物[hé xīn rén wù] 핵심인물, 가장 중요한 사람

骨干人物[gǔ gàn rén wù] 회사나 단체 등에서 중요한 역할을 하는 사람

挑大梁；挑重担；挑担子；担担子；核心人物；骨干人物

"挑大梁"指在戏剧表演中任主要演员或担任主要角色，常用来比喻承担关键的任务或起骨干作用的人。如：李志勇在我们单位是挑大梁的。/ 这个工程项目由谁来挑大梁？"挑重担"比喻身负重要而艰难的任务。也说“挑担子”、“担担子”。如：他不顾家人的反对，勇挑重担，承包了这个快要破产的厂子。/ 自从丈夫发生车祸以后，她一个挑起了家庭的重担，很不容易。“核心人物”指最主要的、重要的人物。如：他是我们这次采访的核心人物。“骨干人物”指单位、团体中重要的人。如：他是我们公司的骨干人物，为我们公司的发展做出了很大的贡献。

回老家
huí lǎo jiā

한자풀이

回 : 돌아올 회 **老** : 늙을 노 **家** : 집 가

뜻풀이

옛 집으로 돌아가다. 저승으로 돌아간다는 뜻이다.

예문

例 1 他已经“**回老家**”了，他再也不会找你们麻烦了。
그는 이미 **저승으로 돌아갔어**. 다시는 너희들을 귀찮게 하지 못할 거야.

例 2 那可不行，这种药不能多吃，如果过量你就等着**回老家**去见上帝吧。
그건 안돼! 이런 종류의 약은 과다 복용하면 절대 안 된다. 과다 복용하면 **저 세상에** 가서 하느님을 만날 지도 몰라.

제시

옛날 사람들은 사람은 저승에서 온 것이고, 죽어서도 저승으로 돌아간다는 미신을 믿었다. 이는 옛 집으로 돌아가는 것과 같은 의미의 완곡한 표현이다.

주로 나쁜 일에 사용되며 저주, 혐오의 의미가 함축되어 있다.

旧时迷信认为，人生是由阴间鬼魂转世而来，人死应该回到阴间去，犹如回老家。是委婉的说法。用于坏人时有诅咒、厌恶的意味。可以说

"打发他回老家"、"送她回老家"、"回老家去了"等。

보충

죽음에 대한 표현(死)

죽음에 대한 부드러운 표현 방법이다. 사람의 생로병사는 본래 자연스런 현상이지만, 사람들은 죽음을 말하는 것을 꺼려한다. 예로부터 지금까지 중국인들은 죽음을 불길한 일로 여겨 죽음이라는 직접적인 말 대신 부드러운 다른 표현 방법을 사용해 왔다.

'죽음'에 대한 표현은 다양하게 있다. 요즘에 흔히 쓰는 표현 :

'세상을 떠나다去世了', '가다走了', '지나갔다 过去了', '늙었다老了', '없다不在了', '숨을 안쉬다咽气了', '눈을 감다闭眼了', '잠들다睡着了, '숨이 멈추다断气了', '끝났다完了', '안된다不行了' 등이 있다.

종교에서 사용하는 표현 :

'가다去', '천당이다天堂了', '하느님을 만나다见上帝', '저승에 가다上西天', '저승으로 돌아가다归西了', '염라대왕을 만나다见阎王', '승천하다升天了'

적 또는 부정적인 인물에게 쓰이는 표현 :

'망했다完蛋了', '등불을 끄다吹灯了', '귀신을 만나다见鬼去了', '놀이가 끝났다玩完了', '옛집으로 돌아가다回老家了', '만나다见'

기타 죽음에 관한 표현 :

'심장박동이 멈췄다心脏停止了跳动', '마르크스를 만난다见马克思了', '영원히 우리 곁을 떠났다永远地离开了我们', '숨이 멎었다停止了呼吸' 등이 있다.

고대 때 제왕이 죽으면 서거驾崩한다고 했고, 제후나 고관들이 죽으면

'훙거薨하다'라고 했다.

关于"死"的表达

关于"死"的委婉语，人的生老病死，本来是自然现象，但是人们忌说"死"，自古至今中国人都把死亡看作是不吉利的事情，常用委婉语来代替"死"字。关于 "死"的委婉说法根据不同的人、文体和场合有不同的说法，现代常用的一些说法如：去世了、走了、过去了、老了、不在了、咽气了、闭眼了、睡着了、断气了、完了、不行了等等；再比如与宗教有关的"死"的说法有：去天堂了、见上帝、上西天、归西了、见阎王、升天了；还有对敌人或反面人物的"死"的说法，如：完蛋了、吹灯了、见鬼去了、玩完了、回老家了、见阎王去了等等；此外还有一些如：心脏停止了跳动、见马克思了、永远地离开了我们、停止了呼吸等等。而在古代，帝王死叫驾崩，王后、诸侯或高官死叫薨。

冷门
lěng mén

한자풀이

冷 : 찰 랭 门 : 문 문

뜻풀이

1. (학문, 사업, 경기 등) 주위를 끌지 못하는 인기 없는 분야.

2. (도박, 경마, 경기 등에서) 예상치 못했던 뜻밖에 결과.

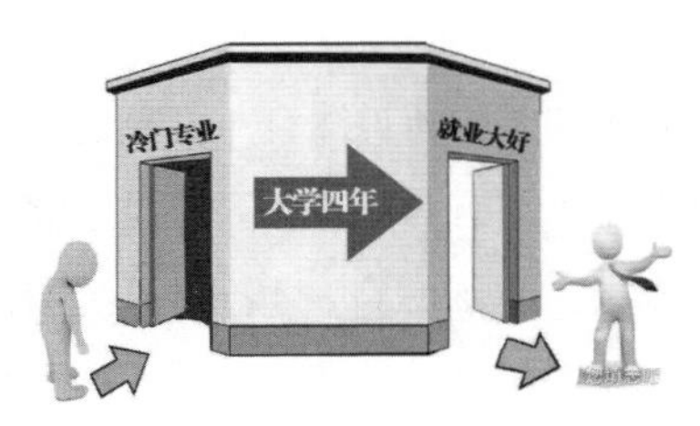

사진출처 : 百度网

출전

'冷门'은 카지노에서 처음 등장한 단어이다. 카지노에서 게임을 할 때 가장 가능성이 적어 사람들이 베팅하지 않는 쪽을 말했다. 지금은 사람들이 관심 없는 분야, 인기 없는 직업, 인기 없는 사업 등 넓은 의미로 사용된다.

오옥장吴玉章의 《신해혁명辛亥革命 · 남경임시정부南京临时政府》에서 "화해 협의가 성립되면, 대통령 비서실을 없애기로 했다. 그랬더니 처음에는 인기가 많았던 비서실이 지금은 인기 없는 분야로 변했다."

주이복周而复의 《상해의 하침上海的早晨》 제3부 19에서는 "보통 비인기 상품을 잘 판매하면, 이익률이 더 높다. 장 과장 그쪽 조금만 더 해. 곧 2억이 눈앞에 있어."라고 했다.

백위白危는 《포위된 농장 주석被围困的农庄主席》에서 "내가 오늘 특별히 이 일 때문에 다른 공급회사를 섭외했는데, 그들이 결국 장 부장 체면을 봐서 우리에게 비인기 상품과 부산물을 인수하는 계약을 체결했다."라고 되어있다.

原指赌博时很少有人下注的一门。现比喻很少有人注意的，不时兴的工作、买卖等。吴玉章《辛亥革命·南京临时政府》："和议一成，总统府秘书处就要取消。因此，开始很红的秘书处，现在变成了冷门。"周而复《上海的早晨》第三部十九："一般冷门货售出，暴利也不错，张科长那边多一点，前后有两亿光景。"白危《被围困的农庄主席》："所以今天我又特为这件事拐到供销社办交涉，他们总算看全张部长的面子，给咱们订了一个收购冷门货和副产品的合同。"大家经常说"爆冷门"，意思是出乎人们的意料。冷门就是不受关注。

예문

例 1 过去地质学是**冷门**。

예전에 지질학은 비인기 학문이었다.

例 2 名不见经传的小将爆出了大**冷门**。

이름도 알려져 있지 않은 신인이 **예상 밖의 결과**를 냈다.

보충

가능성이 많고 인기종목을 热门이라고 하고, 인기가 없고 가능성이 낮은 것을 冷门이라고 한다. 만약 가능성이 낮은 冷门에서 승리를 이끌어 내면 이것이 바로 爆冷门인 것이다.

예를 들어 브라질 축구팀과 중국 축구팀이 경기를 한다면 중국 축구팀은 冷门이고, 여기서 만약 중국팀이 이겼다면 그것이 바로 爆冷门이다.

爆冷门[bào lěng mén]

의외의 결과가 나오다. 가능성 없어 보이던 일에 예상을 깨고 좋은 결과를 얻었을 때 쓰이는 말이며 많은 사람들이 사용하는 대중적인 단어가 되었다.

冷门[lěng mén]

주위를 끌지 못하거나 인기가 없는 분야 혹은 가능성이나 경쟁율이 낮다는 의미이다.

热门[rèmén]

인기 있는 분야, 유행하고 주목 받는 것, 잘 팔리는 것, 가능성이나 경쟁률이 높다는 의미이다.

冷门，是相对与热门来说的，冷门就是不受关注，爆冷就是有出人意料的结果。这个词最早出现在赌场中，最早，人们押筹码，会选择最有潜力的，这样，形成很多人去押热门。而相对应的无人问津的不被看好的就是冷门。如果冷门最终得到了胜利，那就是爆冷门。比如，巴西足球队打中国足球队，中国队胜肯定是冷门，但是如果真的胜了巴西队，那就是爆冷门了。

上台阶
shàng tái jiē

한자풀이

上: 윗 상 **台**: 대 대 **阶**: 섬돌 계

뜻풀이

발전, 일, 생산 등이 새로운 단계에 이르는 것을 비유한다.

사진출처 : 百度网

예문

例 1 我们公司的产品质量**上**了一个**台阶**。

우리 회사 상품의 질이 한 단계 높아졌다.

例 2 本市经济又**上**了新**台阶**。

지금의 시장경제가 또 새로운 단계에 이르렀다.

보충

"陛下"의 유래

중국 고대에 '폐陛'자는 궁궐 밖에 누각이나 정자에서 꼭대기에 오르는 계단을 가리켰다. 그 계단은 흙이나 나무로 만들거나 더 화려한 양식으로 만들기도 했다. 그리고 고대 때는 왕이나 제후 등 귀족 신분의 집에서만 정자를 지을 자격이 주어졌다. 따라서 '폐陛'의 의미는 군주가 사는 궁전의 계단으로 불리게 되었다.

한汉나라의 학자 채옹蔡邕은 《독단独断》에서 군주가 왜 '폐하'라고 불렸는지 자세하게 설명한 바 있다. "섬돌 아래에 있는 자를 이르는 것은, 군신이 천자에게 말할 때, 감히 천자를 질책할 수 없거늘, 고의로 섬돌 아래에 있는 자를 불러 알리니, 곧 비천한 자로 존엄한 자에 달하게 하려는 뜻이니라."

즉, 옛날 제왕의 호위 무사는 황궁 계단 아래(폐하陛下)의 양쪽에서 경비를 섰다. 이 때 왕에게 보고를 하고자 찾아온 제상들이 왕을 직접 부를 수 없었기 때문에 계단 아래(폐하陛下)의 호위 무사들을 불러 알려야 했다. 이것이 바로 '폐하의 유래'라고 할 수 있다.

"陛下"的由来

在中国古代，陛字最早确实是指宫殿外由台榭下段通向台顶的台阶。"陛"有时是土筑，有时是木构，有时还有更花哨的样式，如"飞陛"。又因为古代只有王或者诸侯有资格建造台榭作为自己的居所，久而久之，"陛"就特指君主宫殿的台阶。

汉代蔡邕在《独断》中，曾对为何将君王称为陛下作过详细说明："谓之陛下者，群臣与天子言，不敢指斥天子，故呼在陛下者而告之，因卑达尊之意也。"也就是说，称呼陛下的原因是缘于群臣向天子禀报事情的时候，不敢直呼天子本人让他知道有人在向他禀告，所以只是说"在台阶下的人进行禀告”，用这种说法既让天子知道有臣子向他禀告事情，又体现了臣子对天子的尊敬之意。如对天子上书，书中也是用这种称呼法。由此可见，用“陛下”称呼“天子”乃是由“不敢指斥天子”而来。

虽称天子为“陛下”，但不是指“天子在陛下”，而是指“向天子禀告事情的人在陛下”。《史记·秦始皇本纪》：“今陛下兴义兵，诛残贼，平定天下，海内为郡县，法令由一统。自古以来未尝有，五帝所不及。”《史记》是司马迁撰写的中国第一部纪传体通史，《秦始皇本纪》中的这段记载表明，到了西汉，以“陛下”代指皇帝已经被普遍接受了。与“陛下”一词相似的还有“阁下”、“殿下”等，也是循此例而来的。

一把钥匙开一把锁
yì bǎ yào shi kāi yì bǎ suǒ

한자풀이

一 : 한 일 **把** : 잡을 파 **钥** : 열쇠 약 **匙** : 숟가락 시 **开** : 열 개
锁 : 쇠사슬 쇄

뜻풀이

한 개의 열쇠로 한 개의 자물쇠만 열 수 있다. 조건에 맞게 각각 다른 대책을 세워야 한다는 의미이다.

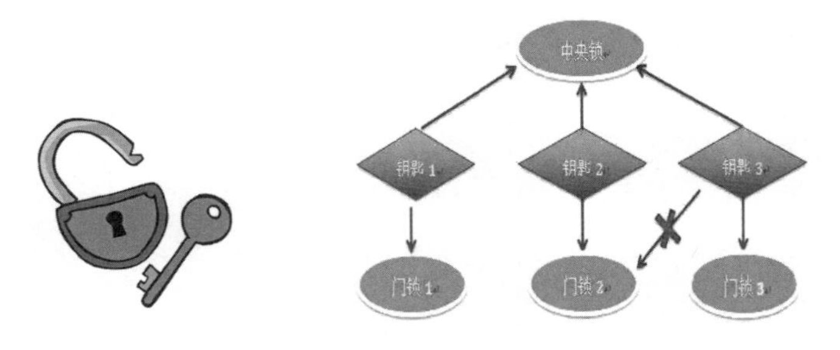

사진출처 : 百度网

예문

例 1 俗话说，**一把钥匙开一把锁**，遇到问题要多动脑筋，多想办法，总能找到那把开锁的钥匙。
속담에 이르길 한 개의 열쇠로 한 개의 자물쇠만 열라고 했다. 문제가 발생했을 때 여러 방면으로 방법을 생각해 보면, 언젠가는 그 자물쇠에 맞는 열쇠를 찾을 수 있다는 말이다.

例 2 罗家河的这一位贫农，如果不是叫他的好朋友去劝，会劝不转的。这叫做**一把钥匙开一把锁**。

나가하罗家河*에 있는 어느 가난한 농민에게는, 만약 그의 가장 친한 친구의 설득이 없었다면 아무도 그를 말리지 못 했을 것이다. 이런 것을 "**한 개의 열쇠로 한 개의 자물쇠만 연다.**"라고 하는 것이다.

보충

"한 개의 열쇠로 한 개의 자물쇠만 연다."는 마르크스주의의 철학적 관점에서 보면 자물쇠는 한 개의 문제를 뜻하고, 열쇠는 하나의 해답을 의미한다. 이 세상에 문제가 있다면 반드시 해답이 있다는 것이다. 一把钥匙开一把锁 조건에 따라 각각 다른 방법으로 문제를 해결해야하고, 각 문제의 특수성을 반영해야 된다는 뜻이다.

一把钥匙开一把锁从马克思唯物主义哲学的角度来说，应该这样解释：锁就像是一个问题，钥匙就是一个答案，这个世界有这个问题，那么就在这个世界上一定会有这个问题的答案一把钥匙开一把锁----指的是具体问题具体分析，就是矛盾的特殊性原理的要求。

---

* 나가하罗家河: 호북성湖北省 형문시荆门市 동보구东宝区 장하진漳河镇 안에 황제노산 남쪽 산기슭에서 시작하여 흐르는 하천이다. 최초에 나씨罗姓 가문이 둑을 쌓아 올려 완공하였고, 이 강둑이 마을 이웃들에게 행복을 가져다주었다고 해서 라가하罗家河라고 불린다.

一言堂

yì yán táng

한자풀이

一 : 한 일 **言** : 말씀 언 **堂** : 집 당

뜻풀이

1. 옛날 상점 문 위에 걸어 놓은 '에누리 없음'을 나타내던 팻말의 글.
2. 타인의 의견은 듣지 않고, 일방적으로 본인의 의견만 고집하는 것을 의미한다.

사진출처 : 百度网

예문

例 1 我们单位开会是**一言堂**，只有领导说话的份儿，没有我们发言的机会。

우리 회사에서 열리는 회의에서는 오직 사장님만 발언 할 기회가 있고 직원들은 발언 할 기회가 없다.

例 2 我们单位提倡平等公平，开会的时候从来不搞**一言堂**。

우리 회사에서는 평등과 공정을 장려한다고 하지만 회의할 때 보면 한 번도 평등하게 **의견이 받아들여진 적이 없다.**

제시

주로 한 사람의 말만 통하고, 다른 사람의 의견은 무시된다는 뜻이다. 폄하, 불평, 불만, 혐오의 의미가 함축되어 있다.

一言堂 이용한 표현 방법 :

"搞一言堂" 자신의 의견만 고집하려 한다.

"是一言堂" (다른 말은 듣지 않고) 일언지하에

"一言堂的作风" 자신의 의견만 피력하는 태도

"一言堂不好" 자신의 의견만 고집하는 것은 안 좋다.

常用于由一个人说了算数，不听别人的意见。含有贬义，有不满、埋怨、厌恶意味。可以说"搞一言堂"、"是一言堂"、"一言堂的作风"、"一言堂不好"等。

走后门
zǒu hòu mén

한자풀이

走: 달릴 주　**后**: 뒤 후　**门**: 문 문

뜻풀이

뒷문으로 들어오다. 비정상적인 뒷거래나 부정한 방법으로 일을 처리한다는 의미이다.

사진출처 : 百度网

역사유래

중국사회에서 '走后门'문화는 매우 보편적인 현상으로 자리 잡고 있다. '走后门'이라는 단어는 12세기 북송北宋시기에 유래되었다.

북송北宋 시기 철종哲宗이 죽고 휘종徽宗(1082-1135)이 즉위하여 채경蔡京을 재상으로 삼았다. 그는 이전 철종 시기의 관리에 대한 특혜를 없애고 이전 황제시기의 제도를 모두 부정했으며 철종 자손들의 도성 안 출입을 일체 금지시켰다. 그들은 과거시험도 응시 할 수 없었고, 만약 응시한

다고 해도 이름만 보고 바로 낙방시켰다. 게다가 첫 번째 철종의 연호인 '원우'라는 글자의 흔적은 어디에서도 찾아 볼 수 없게 하였다.

홍매洪迈《이견지夷坚志》에 실려 있는《우령잠희优伶箴戏》의 고사에 의하면, 어느 날 송 철종과 채경 등 대천들이 희극을 보고 있었다.

한 배우가 재상을 분장하고, 앉아서 조정의 아름다움을 떠벌리고 있었다. 한 승려가 그에게 여행 허가 서류에 서명해 달라고 부탁했다. 재상은 승려의 계첩을 잠깐 보고는, "원우(철종) 3년 때 발행한 것이구나, 즉시 저 계첩을 몰수하고, 저 승려 또한 환속시켜라."라고 했다. 어느 한 스님도 도접(스님에게 발급 되었던 문서)을 잃어버려 재상을 찾아 재발급을 요구하였으나, 재상은 이 도접 역시 원우시기 발급 받은 것이라는 이유로 그의 도복을 벗기고 그에게 환속하여 일반 백성으로 살아가라고 명했다.

잠시 후 재상의 사가 재산을 관리하던 관리가 그에게 다가와 조용히 말하길, "오늘 국고에 재상의 요전料钱(급여 외에 받는 식량이나 돈)을 신청하여 받았는데 받고 나서 보니 모두 원우시기의 화폐입니다. 이를 어찌하면 좋을까?"라고 묻자, 그 재상이 머리를 숙이고 잠시 생각한 후 조용한 목소리로 관원에게 대답하길, "저들을 뒷문으로 들어오게 하라."라고 말했다. 이때 바로 옆에 있던 배우는 손에 들고 있던 몽둥이를 들어 재상의 등을 때리면서 말했다. "훌륭한 재상인 줄 알았는데, 알고 보니 돈 밖에 모르는 놈이구나!"

'走后门'이라는 단어는 당시 채경蔡京의 정책에 대한 조롱으로 사용되다가 점차 뒷거래, 부정당한 거래를 표현하는 단어로 사용되고 있다.

指宋哲宗元祐年间反对变法的旧党，以司马光为首，包括苏轼、苏辙、黄庭坚等人。蔡京拟出了一个120人的庞大名单，称作奸党，宋徽宗亲自书写姓名，刻于石上，竖于端礼门外，史称"元祐党人碑"。凡是元祐党人的子孙，一律不许留在京师，不许参加科考，而且碑上列名的人一律“永不录用”，而且一概不许出现和提到“元祐”的字眼。

洪迈《夷坚志》记载了一则《优伶箴戏》的故事。有一次宋徽宗和蔡京等大臣看戏，一个伶人扮作宰相，坐着宣扬朝政之美。一个僧人请求他签署准许游方的文件，宰相一看僧人的戒牒，是元祐三年颁发的，立刻收缴毁掉，还让僧人还俗。一个道士的度碟也丢了，宰相一问也是元祐年间颁发的度碟，立刻剥掉道士的道服，让他做平头百姓。一个士人是元祐五年获得荐举的，按照对元祐党人的政策，应该免掉荐举，负责管理官员的礼部不予录用，把他赶走了。过了一会儿，宰相家主管私家财库的官员附在宰相的耳边小声说：“今天在国库，申请相公您的料钱一千贯，没想到拨下来的全部都是元祐年间所铸的钱，我来向您请示这些钱咱们到底要不要？”宰相低头想了半天，悄悄对官员说：“从后门搬入去。”旁边的伶人举起手中所持的棍棒，照着宰相的脊背就打，一边打一边骂道：“你做到宰相，原来也只要钱！”

예문

例 1 为了拿到签证，他们的父母不惜花血本，拉关系，**走后门**。

그들의 부모는 돈과 인맥을 이용해서 **정당하지 못한 방법**으로 비자를 받아냈다.

例 2 曾几何时，**走后门**竟成了许多单位的不治之症。

곧(얼마 지나지 않아서) 이 **정당하지 못한 방법**은 많은 회사의 폐단이 될 것이다.

钻死胡同

zuān sǐ hú tòng

한자풀이

钻 : 뚫을 찬 **死** : 죽을 사 **胡** : 되 호 이름 호 **同** : 한 가지 동

뜻풀이

1. 막다른 길에 가다. 더 이상의 다른 방법이 없거나 절망적인 상태를 의미한다.
2. 꽉 막힌 사람, 융통성이 없는 사람, 고집불통인 사람, 시야가 좁은 사람을 비유한다. (유의어: 死路一条)

사진출처 : 百度网

예문

例 1 我们**钻**到**死胡同**里来了，前面没有路了，我们过不去。

우리는 막다른 길에 다다랐고 앞에는 길이 없어서 갈 수가 없다.

例 2 我看他已经**钻**进**死胡同**了，你就别再为他上火了。

내가 보기에 그는 이미 절망적인 상태이니 더 이상 그에게 화를 내지 마라.

제시

주로 "사람이 융통성이 없다."는 의미로 쓰인다. 부정적인 풍자와 해학의 의미 폄하하는 의미가 함축되어 있다.

钻死胡同 이용한 표현 방법 :

"钻进死胡同" 막다른 길에 가다.

"走进死胡同" 막다른 길에 들어가다.

"这是一条死胡同, 走不通" 이 길은 막다른 길이다. 더 이상 갈 수가 없다.

常用于指某人不灵活。含有贬义，有嘲讽、戏谑意味。可以说"钻进死胡同"、"走进死胡同"、"这是一条死胡同，走不通"。

第五章 交通名称

교통

车到山前必有路

chē dào shān qián bì yǒu lù

한자풀이

车 : 수레 차 **到** : 이를 도 **山** : 메 산 **前** : 앞 전 **必** : 반드시 필
有 : 있을 유 **路** : 길 로

뜻풀이

수레가 산 앞에 이르면 길이 있는 법이다. 아무리 어려운 일이 있어도 반드시 해결할 방법이 있다는 의미이다. (=하늘이 무너져도 솟아날 구멍이 있다.)

사진출처 : 百度网

예문

例 1 真是常言说得好：**车到山前必有路**，老天爷饿不死没眼的家雀。

이 속담은 진짜 맞는 말이다. 수레가 산 앞에 이르면 길이 있는 법이고, 하느님은 눈먼 참새도 굶겨 죽이진 않는다.

例 2 常言道："**车到山前必有路**，船到桥头自然直。"大家不必担心，到时问题自当解决。

옛말에 이르기를 "수레가 산 앞에 이르면 반드시 길이 있고, 배가 다리에 닿으면 뱃머리가 자연히 바로 돌려진다."고 했으니 모두들 너무 걱정하지 마라! 때가 되면 다 해결 될 것이다.

보충

수레가 산 앞에 이르면 반드시 길이 있다车到山前必有路, 배가 다리에 닿으면 뱃머리가 자연히 바로 돌려진다船到桥头自然直, 걱정거리는 언제나 이겨낼 수 있다. 가슴에 돌덩어리를 넣어 둘 필요가 없다忧愁烦恼总能过, 하늘은 무너져도 솟아날 구멍은 있다无须心上添石头 등 옛 사람들은 하늘에 대한 신앙심을 잘 표현했다. 여기에 두 종류의 의미가 있다.

표면적인 의미로는 첫째, 사람의 운명은 하늘이 지배한다는 뜻이며, 둘째, 하늘은 살아 있는 것을 아끼어 함부로 살생하지 않는 덕이 있어서 반드시 사람에게 기회를 준다는 뜻이다.

내포된 의미로는 막다른 골목에 다다랐던 사람들은 이미 노력을 해서 그 정도까지 왔다는 것을 의미한다.

어느 서양 철학자가 말하길, "하느님이 한쪽 문을 닫을 때에는 반드시 다른 창문을 열어 주실 것이다."라고 했다. 이것은 옛 중국의 "수레가 산 앞에 이르면 반드시 길이 있고, 배가 다리에 닿으면 뱃머리가 자연히 바로 돌려진다"는 말과 같은 의미이다.

육유陆游의《유산서촌游山西村》시에서도 같은 의미가 담겨있다.

동공이곡同工異曲 : 곡은 달라도 교묘한 솜씨는 똑같다. 서로 다른 사람의 문장이나 언변 등이 똑같이 훌륭하다. 방법은 다르나 같은 효과를 낸다는 의미이다.

车到山前必有路，船到桥头自然直，忧愁烦恼总能过，无须心上添石头。天无绝人之路，很能表现古人对天的信仰。这里至少包含了两层意思：一，天能主宰人的命运；二，上天有好生之德，一定会给人机会。其实，还有隐含的一个意思，那些走到绝路上的人，都是自己做到那种程度。如果身后有余之时，知道缩手，何至于山穷水尽，才想回头。西方哲人曾说：「当上帝关上一扇门时，他必定会另开一扇窗」，这倒也应了古人一句「车到山前必有路，船到桥头自然直」的说法。陆游在《游山西村》这首诗中也有异曲同工之作：「山重水复疑无路，柳暗花明又一村」，他先提到万重山水的阻隔，好似已跌入走投无路的困境中，突然又以柳暗花明的出现来道出，前面并非尽头，希望就在转角。

东道主
dōng dào zhǔ

한자풀이

东 : 동녘 동 **道** : 길 도 **主** : 임금 주 주인 주

뜻풀이

원래는 (제후국)사절단을 대접하는 주인을 의미했다. 일반적으로 손님을 초대하거나 접대하는 주인을 말한다.

사진출처 : 百度网

역사유래

《좌전左传 · 희공 30년僖公三十年》 춘추 전국시대에 제후국 간에 전쟁이 자주 일어났다. 한 번은 진晋나라와 서쪽에 있는 진秦나라와 연합하여 정郑나라를 포위하였다.

정문공郑文公이 신하를 파견해 진묵공秦穆公에게 말하였다. "정郑나라가 멸망하여 진秦나라에게 좋은 점이 없다. 왜냐하면 진秦나라는 동쪽, 우리는 서쪽, 중간에 진晋나라가 있다. 당신들이 굳이 진晋나라와 이웃이 될

필요가 없지 않은가? 진晋나라가 정郑나라를 멸망시킨 후 영토를 넓히고, 힘이 더욱 강대해지면 진秦나라에 불리할 수밖에 없는 것 아니냐! 그러나 만약 진秦나라가 이대로 물러서서 정郑나라를 공격하지 않는 다면 정나라는 진秦나라의 동쪽에 위치한 나라로 귀국과 사신 왕래도 하고, 귀국에서 사신들을 다른 나라에 파견할 때 우리나라의 땅을 지나게 되는데 이 때 우리가 귀국 사신들에게 필요한 숙식을 제공하면 당신한테 나쁜 점이 없지 않겠소?"

진묵공은 말에 일리가 있다고 생각하여 정나라와 맹약을 맺고 군사를 철수 하였다. 진秦나라의 군대가 철수한다는 소식을 듣고 진晋나라 군대 역시 철수할 수밖에 없었다.

이때부터 "东道主"는 정나라가 진秦나라의 동쪽에서 진秦나라에 편의를 제공해주고 대접하는 역할을 한 것에서 비롯된 말이다.

《左传 · 僖公三十年》春秋战国时期，各诸侯国之间经常发生战争。一次，晋国和在西方的秦国联合出兵包围了郑国。郑文公就派人劝说秦穆公说："灭掉郑国对秦国并没有好处，我们在东，你们在西，中间还隔着晋国，您何苦为邻国增加地盘而把我们郑国灭掉呢？"秦穆公一听，大吃一惊，郑国的使臣紧接着说："如果您不灭掉郑国，而让它成为接待秦国出使东方国家使节的主人，以后您的使节来东方办事我们可以供给食宿，这对你们没有害处啊！"秦穆公听后马上答应撤兵，晋国听说秦国军队不告而别，最后也只得撤军。由此，"东道主"专指接待秦国出使东方的使节，后来泛指接待对方或请客的主人。

예문

例 1 作为**东道主**，我们热烈欢迎各大学校长来我校参观访问。

주최측으로서, 우리는 여러 대학 총장님들께서 우리 학교에 오신 것을 매우 환영합니다.

例 2 下次到你那儿聚会,轮到你当**东道主**了。

다음에 당신 쪽으로 가서 모이면, 당신이 **접대하는 주인**입니다.

제시

东道主 이용한 표현 방법 :

"做东道主" 주인 노릇을 하다.

"当东道主" 주인이 되다, 주최가 되다.

"做好东道主" 주인 노릇을 잘 하다.

"做不成东道主" 주인 노릇을 못하다.

可以说"做东道主"、"当东道主"、"做好东道主"、"做不成东道主"等。

脚踏两条船
jiǎo tà liǎng tiáo

한자풀이

脚 : 다리 각 **踏** : 밟을 답 **两** : 두 량 **条** : 가지 조 **船** : 배 선

뜻풀이

사물에 대한 인식이 분명하지 않아 결정을 내리지 못하거나, 투기를 위해 서로 다른 양쪽의 관계를 유지 한다는 의미이다. 요즘은 "연애할 때 양다리를 걸치다."라는 의미로 쓰인다. 부정적인 의미를 내포하고 있다.

사진출처 : 百度网

출전

명明나라 · 이탁오李卓吾의 《장서藏书》에는 "세상의 도학道学은 두 마리의 말을 타기 좋아하고, 양쪽 다리로 배를 차는 것을 좋아한다."라고 했고, 정령의 《太阳照在桑干河上》에서는 "그는 양다리를 걸치고 다니는데 팔로八路군이 될 것을 기대하지 마라. 무는 껍질만 붉고 배는 하얗다."라고 했다.

明 · 李卓吾《藏书》: "世间道学, 好骑两头马, 喜踹两脚船。"

丁玲《太阳照在桑干河上》一八："他是脚踏两只船，别企他儿当八路，小萝卜，皮红肚里白。"

예문

例 1 到底跟谁好，你的态度要明确，不要**脚踏两条船**。
도대체 누구랑 할 건지 당신의 태도를 분명하게 해라. 양다리 걸치지 말고.

例 2 朝三又暮四，我没那个能耐；**脚踏两条船**，我没有那种兴趣。
아침은 세 번, 저녁은 네 번, 나는 그럴 능력이 없다. 양다리는 걸치는 건 관심도 없다.

开绿灯
kāi lǜ dēng

한자풀이

开 : 열 개 **绿** : 푸를 녹 **灯** : 등잔 정

뜻풀이

푸른색 신호등을 켜다. 허락하다. 길을 내주다. 앞으로 나아가게 도와주다 등의 의미이다.

사진출처 : 百度网

예문

例 1 公司是有制度的，我不能给任何人**开绿灯**，要按原则办事。
회사에는 규정이라는 것이 있기 때문에 내가 임의적으로 **허락해 줄** 수는 없다. 원칙에 따라 일처리를 해야 한다.

例 2 如果是为了“希望工程”的建设，我们会在很多方面**开绿灯**予以支持的。
만약에 ‘희망공정’을 위한 건설이라면, 우리는 여러 방면으로 지원하는 것을 **허락하겠다**.

제시

부정적인 의미로는 주로 양심 없는 행동을 하거나 심지어 위법한 행동에 사용된다. 부정적인 의미가 내포되지 않을 때는 유리한 행동을 지지하거나 설명할 때 사용된다. 폄하의 의미는 없고, 해학적 의미가 함축되어 있다.

开绿灯 이용한 표현 방법 :
"给 / 为……开绿灯" ~에게 / ~위해 허락하다.
"大开绿灯" 크게 청신호를 켜다.
"开了 / 过一次绿灯" 길을 한 번 내주다 / 길을 내줬다.
"开开绿灯" 허락하다.

常用于不良行为甚至违法活动方面，含有贬义。也可用于说明支持有益的行动，不含贬义。含幽默、诙谐意味。可以说"给 / 为……开绿灯"、"大开绿灯"、"开了 / 过一 次绿灯"、"开开绿灯"等。

보충

적신호를 켜다. 开红灯 ; 亮红灯

"적신호를 켜다. 开红灯"

적신호가 켜져서 차량 통행이 불가하다. 어떤 일을 진행할 때 어려움이 있다, 동의하지 않는다, 허락하지 않는다는 의미이다.

예) 现在银行对效益好的企业开绿灯，发放贷款，对效益差的企业开红灯，减少贷款甚至不给予贷款。
현재 은행은 수익성이 좋은 기업에게는 청신호를 켜주고, 수익성이 나쁜 기업에게는 적신호를 켠다. 대출을 줄이거나 심지어 대출을 해주지도 않는다.

"적신호를 켜다. 亮红灯"

일에 지장이 생기다, 진행이 안 된다. 혼인에 문제가 생겼다는 뜻으로도 쓰인다.

예) 这位明星的婚姻生活亮起了红灯。

이 스타의 결혼생활에 적신호가 켜졌다.

开红灯；亮红灯

"开红灯"原指亮起红色信号灯，车辆禁止通行，比喻给某事的进行制造障碍和困难，不同意或不批准等。如：现在银行对效益好的企业开绿灯，发放贷款，对效益差的企业开红灯，减少贷款甚至不给予贷款。"亮红灯"比喻事情受阻，进行不下去，也用来指婚姻出现了问题。如：这位明星的婚姻生活亮起了红灯。

开夜车
kāi yè chē

한자풀이

开 : 열 개 **夜** : 밤 야 **车** : 수레 차

뜻풀이

야간열차를 운전하다. 밤을 새워 일하다 혹은 공부하다. 일이나 공부를 하기 위해 밤을 새운다는 의미이다.(노는 경우는 사용하지 않음).

사진출처 : 百度网

예문

例 1 为了考出个好成绩，他们一连好几天**开夜车**复习。

시험성적을 잘 받기 위해 그들은 며칠을 **밤새워** 공부했다.

例 2 **开了一个夜车**，才把这篇稿子赶出来。

밤을 새워서 이 원고를 제시간에 낼 수 있었다.

보충

유행어 : 숙련된 기사

요즘 인터넷에서 차车와 관련된 유행어가 많이 사용된다. 대표적 유행어로는 숙련된 기사老司机이다. 연애 고수라는 의미로도 쓰인다. 차车는 한 분야(구간)의 여행(여정)과 같아서 우리의 일상생활, 연애, 사업 등을 대표한다. 이러한 개념이 생활 속에 적용되면서 바로 유행 관용어로 자리 잡았다.

流行语：老司机

现在的网络流行语当中，常常使用车的比喻。当下非常流行的一个借用"车"的概念衍生的称呼叫"老司机"，指恋爱高手的意思。"车"就像是一段旅程，代表了我们的生活、恋爱、事业等等，这样的概念运用到生活中，就形成了当下流行的惯用语。

烂船也有三斤铁

lànchuán yě yǒu sān jīn tiě

한자풀이

烂 : 빛날 란 **船** : 배 선 **也** : 잇기 야 어조사 야 **有** : 있을 유 **三** : 석 삼
斤 : 근 근 **铁** : 쇠 철

뜻풀이

썩은 배에도 철 세 근이 있다. 아무리 좋지 않은 물건도 쓸모가 있을 수 있다, 무시하면 안 된다는 의미이다.

사진출처 : 红网

예문

例1 岁月悠悠,不觉二十多年倏得就过去,日本的经济泡沫也破了,往日的风光不再,当然**烂船也有三斤铁**,日本仍然是不容忽视的,

세월은 계속 유유히 잘 흐른다. 나도 모르는 사이에 어느덧 20여 년이 흘러 과거를 뒤돌아본다. 일본의 경제 거품은 없어져 예전의 모

습이 하나도 남아있지 않지만, 당연히 **썩은 배도 철 세 근은 있다고** 여전히 일본을 무시하면 안 된다.

例 2 俗话说"**烂船也有三斤铁**"。在世界杯的比赛中，任何球队都有可能晋级下一轮比赛
속담에 "**썩은 배도 철 세 근이 있다**"는 말이 있듯이 월드컵에 출전하는 그 어떤 팀도 다음 라운드에 진출할 수 있다.

보충

배는 나무로 만들고, 나무가 썩으면 가치가 없어지지만, 철은 부패 되지 않는다. 철은 썩지 않은 채로 그대로 가치가 남아있다.

"썩은 배 한 척도 그 가치가 있다는데, 하물며 우리 사람은(더 가치 있다)" 자신감이 부족한 사람도 이 말에 힘을 얻어 함부로 자신의 가치를 낮게 평가 하지 말고 자신감을 갖기를 바란다. 이 속담에서 알 수 있듯이 무엇이든 다 각자의 가치가 있기 마련이다.

이 속담을 가장 잘 아는 사람은 아마 춘추 전국시대의 맹상군孟尝君일 것이다.

맹상군은 널리 인재를 유치하는 것으로 유명하지만 사람들은 그것을 거들떠 볼 가치도 없다고 여겼다. 그의 많은 부하들은 닭 짖고, 개 짖는 소리에 불과하다고 생각했다. 나중에 맹상군이 출사하여 진秦나라가 억류 되었는데, 바로 이 사람들이 개 짖는 방법, 닭 짖는 법을 배워 그를 구해 주었다.

인재가 없는 것이 아니라, 우리가 인재의 가치를 발견하지 못하는 경우가 많다. 재능을 잘 알아보고 잘 쓰면 인재는 어디에나 있는 법이다. 썩은 배만 보지 말고, 더욱 유용한 철을 보아야 한다.

船是木头做的，木头腐烂了，没有价值了，可是船上的铁是不会腐烂的，它们照样还有价值。

一只烂船都有它的价值，何况我们人呢。缺乏自信的人，应该从这句话里边获得力量，不必妄自菲薄。充满自信的人，同样可以从这句话里边获得启发，因为我们身边的人，也都各有各的价值。

最懂得这个俗语的人，应该是战国时期的孟尝君了。孟尝君以广揽人才著称，不过人们对此不屑一顾，认为他手下的不少人都不过是鸡鸣狗盗之徒。后来，孟尝君出使秦国被扣留，正是这些人通过学狗叫、鸡叫的方法，把他给救了出来。

很多时候，不是没有人才，是我们没有发现人才的价值而已。善于识才用才，则人才无处不在。不要光看到烂船，更要看到有用的铁。

马路
mǎ lù

한자풀이

马 : 말 마 路 : 길 로

뜻풀이

대로, 큰길. 수레와 말이 다닐 수 있는 넓고 평평한 도로.

사진출처 : 百度网

역사유래

오늘날 아스팔트 도로의 기원은 영국의 산업 혁명시기까지 거슬러 올라가야 한다. 유럽은 산업 혁명 전에는 대부분의 도로가 다 흙길이었다. 유럽의 대도시들 중에서 런던, 파리, 브뤼셀과 같은 가장 좋은 곳만 자갈로 포장되어 있었고 당시에 지금과 같은 도로는 없었다.

18세기 말 영국에서 산업 혁명이 한창일 때 산업의 발전이 교통 운수에 대한 요구가 점점 많아지자 "사람이 걸어 나오는 길"은 더 이상 사람들의 수요에 부응할 수밖에 없었다.

이러한 상황에서 영국 스코틀랜드의 존 마단카루라는 사람이 빗물을 길 양옆으로 흘러내릴 수 있도록 한 도로를 설계했다. 이 도로를 설계한 사람을 기념하기 위해 그의 성을 따서 '마단카루马卡丹路'라고 부르게 되었다.

19세기 말 중국의 상해上海, 광주广州, 복주福州 등 연안항구가 개항했고, 서양 열강이 중국에 조계지를 세우고, 서양의 마카단길 건설 방법을 중국으로 가져왔다. 당시 중국인들은 영어 마카담macadam / 马卡丹을 길의 약어로 사용했고, 이후 마루马路라고 불렀다.

今天的沥青马路起源还要追溯到工业革命时期的英国。欧洲在工业革命以前，一般道路都是土路，即使在伦敦、巴黎、布鲁塞尔这类欧洲大城市中，最好的道路也是用石子铺成，当时还没有用复杂技术修建的道路。18世纪末，英国正处于工业革命的热潮之中，工业的发展对交通运输的要求愈来愈高，昔日那种"人走出来的路"，再也不能适应人们的需要了。

在这种情况下，英国苏格兰人约翰·马卡丹(John. Loudon McAdam)设计了新的筑路方法，用碎石铺路，路中偏高，便于排水，路面平坦宽阔。后来，这种路便取其设计人的姓，取名为"马卡丹路"(后将碎石铺的路依McAdam发音改称macadam road或简称macadam)。19世纪末中国的上海、广州、福州等沿海港口开埠，欧美列强在华兴建租界，便把西方的马卡丹路修建方法带到了中国。当时中国人便以英语"macadam / 马卡丹"的音译作为路的简称，后来俗称"马路"。

예문

例 1 龙须沟的新沟落成，修了**马路**。

용수골(龙须沟)에 새 도랑이 생겨서 **도로**를 보수했다.

例 2 他半年没有进县城，县城里已经大变了样，街道改宽了，**马路**也压光了。

그는 반년 동안 시내[县城]에 들어가지 않았는데, 그 사이 시내는 이미 크게 변화되어서 거리가 넓어지고 도로도 모두 매끄럽게 완성되었다.

보충

'马路'와 관련된 재미있는 에피소드

어느 뉴스 인터뷰에서, 한 미국 기자가 주은래周恩来 총리를 인터뷰 할 때 중국어를 사용하여 주은래 총리에게 모욕감을 줬다. "왜 당신의 나라에서는 길을 마루马路라고 불리나요? 설마 말이 다니는 길이기 때문인가요?" 주 총리는 태연하게 미소를 지으면 말했다. "왜냐하면 우리는 마르크스 사상의 정도를 걷기 때문에 마루马路라고 부르는 것입니다." 그 미국 기자는 그 자리에서 얼굴이 붉어지고 몹시 부끄러워했다.

"马路"趣闻

在一次新闻采访中，一位美国记者采访周恩来总理时，用中文故意羞辱周总理："为什么你们中国的路叫马路？难道是因为专门给马走的吗？"周总理从容不迫，面带微笑地说："因为我们中国走的是马克思主义道路，所以叫马路。"那位美国记者当场脸红，羞愧不如。

小道消息
xiǎo dào xiāo xi

한자풀이

小 : 작을 소 **道** : 길 도 **消** : 사리질 소 **息** : 쉴 식

단어풀이

小道 : 작은 길, 오솔길 **消息** : 정보, 뉴스, 기사

뜻풀이

길거리에서 들은 소식 혹은 비공식적인 경로로 전파된 소식. 종종 사실이 아니거나 믿을 수 없는 소식, 뜬소문 등을 말한다.

사진출처 : 百度网

역사유래

보통 사람들은 비공식적인 발표나 주워들은 소문에 익숙하다. 이러한 것을 '小道消息'라고 한다. 이 단어는 미국에서 유래되었다고 한다.

19세기 전반에 미국은 송신기를 개발하였고, 많은 회사는 그것이 경제

적이면서 편리하다고 생각하여 잇달아 선로를 가설했다. 그러나 설치를 잘하지 못해 어떤 곳의 전선은 포도 덩굴처럼 꼬불꼬불해 전보치는 사람들에게 웃음거리가 되어 '포도 넝쿨 전보'라고도 불렸다. 그리고 다른 전보들과도 구별할 수가 없었다. 그 후 사람들은 이런 소식을 '포도 넝쿨을 통해 온…… '이라고 불렀다. 이것이 지금의 "小道消息"가 되었다.

두 단어는 매우 비슷하지만 의미에는 차이가 있다. 길거리에서 주워들은 소식, 전파된 소식은 "小道消息"라고 한다.

人们习惯将非官方发布，而是道听途说的消息和传闻，称为"小道消息"。"小道消息"一词源于美国。19世纪上半叶，美国研制成发报机，各家公司见它既经济又方便，便纷纷架设线路。由于施工质量差，有的地方的电线曲曲弯弯似葡萄藤，故电报被人们戏谑地称之为"葡萄藤电报"。但是却不能和其他电报区分开来。后人们想到这些消息也是"通过葡萄藤"来的，而"通过葡萄藤"亦可译为"小道消息"，两个词既相似，又有区别，于是便将道听途说的消息和传闻称之为"小道消息"。

예문

例 1 一个百万富翁破产的最好方法之一，就是听**小道消息**并据此买卖股票。
백만장자가 파산하는 가장 좋은 방법 중 하나는 **뜬소문**을 듣고 그것에 의해 주식을 매매하는 것이다.

例 2 我建议你们不要去经纪人那里套**小道消息**，因为他们并不值得信赖。大多数小道消息也没有什么价值。
나는 브로커한테 가서 **소문을 퍼뜨리지** 말라고 건의한다. 그들은 결코 믿을 수 없기 때문이다. 대부분의 소문은 별 가치가 없다.

阴沟里翻船
yīn gōu li fān chuán

한자풀이

阴 : 그늘 음 **沟** : 도랑 구 **里** : 마을 리 **翻** : 날 번 **船** : 배 선

뜻풀이

얕은 도랑에서 배가 뒤집히다. 사소한 부주의로 의외의 실패를 맛보다. 생각지도 않은 데서 의외의 좌절을 겪는다는 의미이다.

출전

청清 · 석옥곤石玉昆《삼협오의三侠五义》 제88회에서 나오는 "어찌 그를 알겠는가. 예술인들은 대담하지 못하고, 얕은 도랑에서 배가 더 잘 뒤집히기도 한다.焉知他(蒋平)不是艺高人胆大，阴沟里会翻船，也是有的。" 세상에 명성을 떨쳤으나 안타깝다는 의미에서 유래한 성어이다.

清 · 石玉昆《三侠五义》第八十八回：焉知他(蒋平)不是艺高人胆大，阴沟里会翻船，也是有的。可怜一世英名，却在此处倾生。

예문

例 1 大企业随时有可能在**阴沟里翻船**，没落贵族也可能随时来个咸鱼大翻身。

대기업들은 언제든 사소한 부주의로 의외의 실패를 맛볼 수 있고, 몰락한 귀족도 언제든 다시 (고기를 잡아) 일어설 기회를 찾을 수 있다.

例 2 至于巴萨，一方面需要在最后五轮中保持全胜，同时还得祈祷皇马**阴沟里翻船**，才能实现卫冕。

바사르는 마지막 5라운드에서 완승을 유지해야 하며, 동시에 레알 마드리드에 기도를 해서 **얕은 도랑에서 배가 뒤집히는 것**을 막아야 우승을 해낼 수 있을 것이다.

제시

이 성어는 처음에는 阳沟里翻船라고 쓰였다. "도랑 안에는 바람도 파도도 없으니 절대 배가 뒤집힐 일이 없다."는 의미로 전혀 있어서는 안 될 실수를 비유적으로 이르는 말이다. 나중에 '阳沟'라는 말로 통하지 않아 '阴沟'라고 불리게 되었다.

其实最早的说法是说阳沟里翻船。阳沟里无风无浪，是绝对不该翻船的。比喻完全不该有的失误！后来阳沟的说法不通行，被说成阴沟了。

宰相肚里能撑船
zǎi xiàng dù lǐ néng chēng chuán

한자풀이

宰 : 재상 재　相 : 서로 상　肚 : 배 두　里 : 마을 리　能 : 능할 능
撑 : 버틸 탱　船 : 배 선

뜻풀이

재상의 뱃속에서는 배도 저을 수 있다. 큰 인물은 도량이 크다. 마음이 넓어 다른 사람에게 아량을 베풀고 용서할 줄 안다는 의미이다.

사진출처 : 百度网

역사유래

삼국시대三国时期 촉蜀나라 때 제갈량诸葛亮이 죽은 후 장완蒋琬이 조정을 맡게 되었다. 그의 부하인 양희杨戏라는 사람은 성격이 괴팍하고 말주변이 없었다. 장완이 그에게 묻는 말도 잘 대답하지 않았다.

그것을 못 마땅하게 여긴 자가 장완에게 말하길, "양희라는 사람이 당

신께 이렇게 무뢰하다니 정말 말도 안 됩니다!" 장완이 태연한 미소를 짓고 말하길, "사람은 저마다의 성격이 있다. 양희에게 내 앞에서 억지로 칭찬하라고 하는 것은 그의 본심이 아니다. 그래서 그에게 여러 사람 앞에서 내 잘못을 말하게 하면, 그는 내가 내려올 수 없다고 느낄 것이다.
그래서 그는 아무 말도 하지 않을 수밖에 없다. 사실 이것이 바로 그 사람이 귀한 이유이다.

그 후 사람들은 장완에게 "재상의 뱃속에서는 배도 저을 수 있다宰相肚里能撑船"라고 칭송하였다.

三国时期的蜀国，在诸葛亮去世后任用蒋琬主持朝政。他的属下有个叫杨戏的，性格孤僻，讷于言语。蒋琬与他说话，他也是只应不答。有人看不惯，在蒋琬面前嘀咕说："杨戏这人对您如此怠慢，太不象话了！"蒋琬坦然一笑，说："人嘛，都有各自的脾气秉性。让杨戏当面说赞扬我的话，那可不是他的本性；让他当着众人的面说我的不是，他会觉得我下不来台。所以，他只好不做声了。其实，这正是他为人的可贵之处。"后来，有人赞蒋琬"宰相肚里能撑船"。

예문

例 1 她对老友说："你是男子汉，**宰相肚里能撑船**，跟女孩子生什么气呀"？

그녀가 오랜 친구에게 말하길 "너 같은 사내대장부는 **뱃속에서는 배도 저을 수 있는데**, 여자 친구한테 왜 삐쳐있어?"

例 2 "**宰相肚里能撑船**"，我们恢恢大度，又有什么不好敬陪一笑的呢？

"**재상의 뱃속에서는 배도 저을 수 있다.**"는 말도 있고 우리의 마음도 넓고 큰데, 왜 웃지 못하겠습니까?

제시

사람이 살아가는 지혜 중 하나는 다른 사람을 너그럽게 대하는 것이다. 남을 너그럽게 대해야 좋은 인간관계를 맺고, 타인의 잘못을 너그럽게 이해하면 친구를 얻고, 타인에게 감탄과 존경을 받을 수 있다.

"남의 작은 잘못을 질책하지 않고, 타인의 사생활을 침해하지 않고, 타인의 지난날의 잘못을 묻지 않는다. 이 세 가지를 지키면 덕을 키울 수 있고, 또한 갈등도 멀리 할 수 있다." 남을 너그럽게 대하려면 스스로 도량이 있어야 한다.

도량이란 원래는 길이와 양을 재는 기준이었지만 나중에 사람들은 그것을 사람의 덕량과 마음으로 비유하였다. "장군의 이마에서 말을 탈 수 있다. 재상 뱃속에서는 배도 저을 수 있다."라는 말이 있다.

人处世的智慧之一就是宽容他人。宽容别人方能建立起良好的人际关系，宽容他人的过错，就会赢得朋友，赢得别人的佩服与尊敬。"不责人小过，不发人隐私，不念人旧恶，三者可以养德，亦可以远害。"宽容他人，需要自己有度量。何谓"度量"？度量，原本是计量长短和容积的标准，后来人们拿它比喻人的气量胸襟。"将军额上能跑马，宰相肚里能撑船。"

第六章 工作名称

직업

保护伞
bǎo hù sǎn

한자풀이

保 : 지킬 보　护 : 도울 호　伞 : 우산 산

뜻풀이

보호우산. 후원자, 보호세력, 뒷배경 등을 의미한다.

사진출처 : 八闽在线网(좌), 百度网(우)

예문

例 1 主任是他姐夫，有主任当**保护伞**他还怕谁？

그의 매형이 여기 책임자다. 책임자가 그의 **보호막**이 되어 주고 있는데 그가 누구를 두려워하겠니?

例 2 他爸爸是副校长，要是没有他爸爸这层**保护伞**，他肯定早被开除了。

그의 아버지는 부총장이다. 만약에 아버지의 **배경**이 아니었다면 그는 일찌감치 해고되었을 것이다.

제시

주로 직권이나 다른 조건을 이용하여 타인을 보호해 주는 사람으로 사용된다. 폄하, 해학의 의미가 함축되어 있다.

保护伞 이용한 표현 방법 :

"有保护伞" 후원자가 있다.

"给……当保护伞" ~에게 후원자가 되어주다.

"撑 / 打起保护伞" 보호막으로 버티다. / 보호막을 부수다.

"靠着这把 / 层保护伞" 이 보호막에 의지하다. / 여러 층의 보호막

常用于利用职权或其他条件庇护别人的人。含有贬义，有幽默、诙谐意味。可以说"有保护伞"、"给……当保护伞"、"撑 / 打起保护伞"、"靠着这把 / 层保护伞"。

보충

保护神 [bǎo hù shén]

보호신. 자신을 보호해 주는 사람을 의미한다.

예) 哥哥是我的**保护神**。오빠는 나의 **보호신**이다.

避风港 [bì fēng gǎng]

대피항. 위험을 피하는 안전한 장소로 도피처란 의미이다.

예1) 家是我们的**避风港**。

집은 우리의 **대피소**이다.

예2) 他总是把我这儿当成他的**避风港**，一遇到麻烦就来找。

그는 나를 자신의 **도피처**로 여기고, 귀찮은 일이 생기면 항상 나를 찾아온다.

后台 [hòu tái]

무대 뒤. 무대 뒤 지지 세력, 배경이라는 의미로 사용된다.

예) A：他的**后台**很硬，你不要得罪他。

A：그의 **뒤를 봐주는 사람**이 아주 높은 사람이니, 그에게 미움을 사지 마라.

B：我不管他的**后台老板**是谁，我都要按原则办事。

B：나는 **그의 뒤**에 누가 있든지 간에 원칙대로 일을 처리할 것이다.

后台老板 [hòu tái lǎo bǎn]

극단 주인. 무대 뒤에 인물, 배후 조정자라는 의미이다.

靠山 [kào shān]

산에 기대다. 믿고 의지하는 사람, 후원자를 의미한다.

예) 他背后肯定有**靠山**，否则他当不上这个厅长。

그는 틀림없이 후원자가 있을 것이다. 그렇지 않으면 청장이 될 수 없었을 것이다.

保护神；避风港；后台；后台老板；靠山

“保护神”比喻能保护自己的人。如：哥哥是我的保护神。“避风港”比喻可以躲避危险的地方。如：家是我们的避风港。/ 他总是把我这儿当成他的避风港，一遇到麻烦就来找我。"后台"，也说"后台老板"，指舞台后面的地方，比喻在背后操纵、支持的人或集团。如：A：他的后台很硬，你不要得罪他。B：我不管他的后台老板是谁，我都要按原则办事。"靠山"有依靠的力量，通常指有地位或有某种实力的人。如：他背后肯定有靠山，否则他当不上这个厅长。

吹牛皮
chuī niú pí

한자풀이

吹 : 불 취　牛 : 소 우　皮 : 가죽 피

뜻풀이

소가죽에 바람을 풀어 넣다. 허풍을 떨거나 과장하는 것을 비유한다.

사진출처 : 百度网

역사유래

"허풍을 떨다吹牛皮"의 역사유래는 황하강 상류에서부터 시작되었다. 보통 나무배는 물속에서 움직이기가 어려워 사람들은 소가죽이나 양가죽을 자루로 활용하여, 4~5개의 자루를 엮은 뗏목으로 강을 건너는 도구로 사용하였다.

그 당시에는 바람을 넣는 기계가 없었으므로 물에 들어가기 전에 사람들은 직접 입으로 가죽자루에 바람을 불어 넣었다. 사용 후에는 자루 안에 있는 바람을 다 빼고 바람 뺀 가죽자루를 메고 해안가에 오고, 사용할 때 또 다시 바람을 넣곤 하였다. 이렇듯 바람을 넣는 일은 매우 힘든 과정이었다.

그래서 가죽에 바람을 넣는 사람은 보통 매우 건장한 사람들이었고, 그들은 일 년 내내 이런 일을 하기 때문에 폐활량이 매우 좋았다. 말하는 소리도 보통 사람들보다 우렁차서 '큰소리치는 사람'으로 불리게 되었다. 이것이 유래가 되어 오늘날에 허풍을 떠는 사람으로 사용하게 되었다.

"吹牛皮"的来历以前在黄河上游，一般的木船很难在水中行使。人们想出办法，用牛皮、羊皮制成袋子，用四五个皮袋组成一个筏子作为渡河工具。那时没有打气的工具，每次下水前，人们要用嘴把皮袋的气吹足。用完后，还要将皮袋的气放掉，把空皮筏背上岸来，再用再吹。吹牛皮筏的工作很累，吹牛皮的人一般都身强体壮，他们常年干这种活儿，所以肺活量很大，说话的声音也比一般人洪亮，所以他们就被称为"说大话"的人。

예문

例 1 他这个人总爱**吹牛皮**、说大话。
그 사람은 항상 **허풍을 떨며** 큰소리치기를 좋아한다.

例 2 他是个穷光蛋，却经常在朋友面前**吹牛皮**说自己是个大富翁。
그는 빈털터리인데도 친구 앞에서 자신이 큰 부자라고 **허풍을 떨곤** 했다.

买卖不成仁义在
mǎi mài bù chéng rén yì zài

한자풀이

买 : 살 매 **卖** : 팔 매 **不** : 아닐 부 **成** : 이룰 성 **仁** : 어질 인
义 : 옳을 의 **在** : 있을 재

뜻풀이

거래가 성립되지 않더라도 인의는 저버리지 않는다는 의미이다.

출전

양빈梁斌《홍기보红旗谱》제1권에서, "거래가 성립되지 않아도 인의는 저버리지 않는다고 하는데, 사람을 때려눕히고 뭐하는 짓인가?"라고 하였다.

梁斌《红旗谱》第一卷："嫌人家来做买卖，买卖不成仁义在，打倒人家干吗？"

예문

例 1 **买卖不成仁义在**，我们下次再合作吧。
거래가 성립되지 않아도 인의는 저버리지 않는다고 했으니 우리는 다음에 다시 협력합시다.

例 2 你是电脑公司的吧？听说我们提出的价格，你们经理不同意，那也没关系，**买卖不成仁义在**，先坐下休息一下，喝杯茶。

컴퓨터 회사죠? 우리가 제시한 가격을 상사분이 허락하지 않으신다고 들었어요. 그래도 괜찮습니다. 거래가 성립되지 않아도 인의는 저버리지 않는다고 했으니 일단 앉아서 좀 쉬며 차나 한 잔 마십시다.

上台面
shàng tái miàn

한자풀이

上 : 윗 상　**台** : 별 태　**面** : 낯 면

뜻풀이

무대에 얼굴을 내놓다. 체면을 세우다. 정식으로 내놓다.

예문

例 1 你也太**上不了台面**了，在台上讲话怎么老出错？
당신 체면이 너무 서지 않는다. 무대에서 어떻게 계속 틀리니?

例 2 你别看他在下面挺能说的，可是一到镜头面前就傻了眼了。这种人就是**上不了台面**。
당신은 그의 평소 말솜씨만 가지고 판단하면 안 된다. 그는 카메라 앞에만 서면 당황하여 표정이 멍해진다. 이런 사람은 무대에 오르지 못한다.

제시

주로 파티나 접대할 때 많이 사용된다.
上台面의 긍정적 표현 방법 :
"这样的人也能上得了台面" 이런 사람도 체면을 세울 수 있다.

上台面의 부정적 표현 방법 :
“上不了台面” 체면이 서지 않는다.
“真不上台面” 정말 면목이 서지 않는다.
“上不了台面的家伙” 체면을 구길 수 없는 놈

반어법 표현 방법 :
“这样的人也能上得了台面？” 이런 사람이 얼굴을 내밀 수 있겠는가?

常用于赴宴会、出面应酬等。一般用否定说法“上不了台面”、“真不上台面”、“上不了台面的家伙”，也可用于反问说法“这样的人也能上得了台面?”。

死对头
sǐ duì tou

한자풀이

死 : 죽을 사 **对** : 대할 대 **头** : 머리 두

뜻풀이

숙적, 철천지 원수, 적수.

사진출처 : 百度网

예문

例 1 老王和老李是多年的**死对头**，可这次偏偏又分到了一个办公室。
왕 씨와 이 씨는 여러 해 동안 **숙적**이었는데, 하필이면 이번에도 공교롭게 또 같은 사무실에 배정받았다.

例 2 他俩是**死对头**，互相看着不顺眼。
철천지 원수인 두 사람은 서로 거슬리는 눈으로 바라보고 있다.

제시

험오하는 의미가 내포되어 있다.

死对头 이용한 표현 방법 :

"是一对死对头" 한 쌍의 철천지 원수

"是……的死对头" ~의 원수

含有憎恨厌恶意味。可以说"是一对死对头"、"是……的死对头"

보충

원수지간

'冤家'는 원수를 의미하며 '冤家对头'라고도 한다. 옛날에 희곡이나 민요 중에서 애인을 칭하는데 많이 쓰였다. 사랑하는 감정과 미워하는 감정이 함께 공존할 뿐만 아니라 자신을 힘들게 하지만 없으면 아쉬운 사람을 의미한다.

예) 这是一对**冤家对头**，今天见面又吵起来了。
이 **원수**들 오늘 만나자마자 또 싸우기 시작했다.
你这个**冤家**，让我说什么好呢？
이 **원수**야 나한테 무슨 좋은 말을 바라니?

"穿一条裤子"는 "한통속이 되다. 단짝이 되다."의 의미로 "穿连裆裤"라고도 한다. 두 사람의 관계가 매우 친하고 밀접하며, 일에 부딪치면 같은 태도를 취하는 것을 비유한다. 또한 두 사람(혹은 여러 명)이 서로 결탁하여 감싸는 것을 의미한다.

예) 他们俩好得像**穿一条裤子**似的。
그들은 마치 **한통속**처럼 사이가 좋다.

他们两个可是**穿连裆裤**的，关系铁得不得了，你得罪了其中一个就于得罪了俩。

저 둘은 정말 **한통속**이라 관계가 매우 돈독하여 네가 그 중 한 명한테만 미움을 사도 두 사람의 미움을 받는 것과 같다.

"一个鼻孔出气"는 두 사람의 관계가 친밀해서 이익이 같다는 의미로 "호흡을 같이 하다, 한 패(통속)이다."의 의미이다.

예) 他们俩是**一个鼻孔出气**的，竟然一起来对付我，以后他们等着瞧吧。

그들 두 사람은 **한통속**이었어. 결국 둘이 함께 나를 상대했으니, 나중에 둘 다 두고 보라고 해!

穿一条裤子 이용한 표현 방법 :

"好得穿一条裤子" 한통속이 잘 되다.

"他们是穿一条裤子的" 그들은 다 한통속이다.

"简直就是穿一条裤子" 그야말로 다 한통속이네.

冤家；穿一条裤子；穿连裆裤；一个鼻孔出气

"冤家"指仇人，也说"冤家对头"。在旧时戏曲或民歌中多用来称情人，让人又爱又恨，既给自己带来苦恼又舍不得的人。如：这是一对冤家对头，今天见面又吵起来了。/ 你这个冤家，让我说什么好呢？"穿一条裤子"，也说"穿连裆裤"。比喻两人关系密切，利害一致，遇事持同样的态度，也形容两个人或几个人互相勾结，互相庇护。可以说"好得穿一条裤子"、"他们是穿一条裤子的"、"简直就是穿一条裤子"等。如：他们俩好得像穿一条裤子似的。/ 他们两个可是穿连裆裤的，关系铁得不得了，你得罪了其中一个就等于得罪了俩。"一个鼻孔出气"也比喻两个人关系密切，利益一致。如：他们俩是一个鼻孔出气的，竟然一起来对付我，以后他们等着瞧吧。

随大流
suí dà liú

한자풀이

随 : 따를 수 **大** : 클 대 **流** : 흐를 류

뜻풀이

여러 사람의 의견에 따르다. 대세에 순응하다. 남이 하는 대로 덩달아 하다.

사진출처 : 百度网

예문

例 1 "唉，算啦，算啦，羊随大群不挨打，人**随大流**不挨罚。"

아이고 됐어요. 됐어. 양은 큰 무리를 따라가면 맞지 않고, 사람은 큰 흐름을 따라가면 벌을 받지 않는다.

例 2 彼得是个有主见的人,从不**随大流**。

피터는 자신의 의견이 분명한 사람이어서 **대세를 따르지 않는다.**

보충

이른바 자신의 생각이 분명하지 않으면 맹목적으로 대세를 따라 다닌다.

위웅魏巍의 《주재시간적전면走在时间的前面》에 의하면, "사회주의에 자기를 데리고 가려는 사람도 많고, 대세를 따라 사회주의로 가고 싶은 사람도 많다."라고 하였으며, 진백진陈白尘의 《무성적여행无声的旅行소리 없는 여행》에서는 "저희는 이미 대세를 따라 다른 사람들과 가 본 경험이 있습니다."라고 하였다.

所谓自己无主见而盲目地跟着众人行事。魏巍《走在时间的前面》:"想让别人把自己'带'到社会主义去的人还很多, 想随大流'流'到社会主义去的人还很多。"亦作"随大溜"。陈白尘《无声的旅行》:"我们已经有些经验:随大溜, 跟着别人走。"

一锤子买卖
yì chuí zi mǎi mai

한자풀이

一: 한 일 **锤**: 저울추 추 **子**: 아들 자 **买**: 살 매 **卖**: 팔 매

뜻풀이

(품질이나 가격을 속여서) 한 번 하고 만 마는 장사, 거래가 끝나면 책임지지 않는 거래 또는 장사. 다음은 생각하지 않고 딱 한 번의 거래만 생각하는 것을 비유한다.

사진출처：百度网

예문

例 1 他们做的都是**一锤子买卖**，这次顾客上当了，下次肯定不会再买的。
그들은 항상 이번 한 번만 장사하는 것 같이 고객을 속였다. 다음에는 절대로 사지 않을 것이다.

例 2 我们做生意不能搞**一锤子买卖**，所以我们的货你放心，货真价实！

우리는 장사를 딱 한 번만 할 생각으로 하지 않는다. 그래서 우리 물건은 안심해도 된다. 값도 저렴하고, 물건도 좋다!

제시

주로 다음은 생각하지 않고 딱 한 번의 거래만 생각한다는 의미로 사용된다. 만약 장사를 한다면 한 번 팔아먹고 다음은 생각하지 않는다는 의미이다.

중요한 한 번 혹은 일회성으로 한 번만 하고, 다음은 없는 것들을 비유하여 사용한다. "큰 결심을 하다"라는 뜻도 있다.

一锤子买卖 이용한 표현 방법 :

"做 / 搞 / 是一锤子买卖" 딱 한 번의 거래만 한다.

"一锤子买卖可不行" 일회용처럼 한 번만 장사하는 것은 안 된다.

"咱们就一锤子买卖吧" 우리 그냥 딱 한 번만 장사하자.

常用于比喻不做长远考虑，一次性了结，如做生意只管这一次赚钱，不管以后。含有贬义。用于比喻关键的一次或事情只做一次，没有下一次，表示下大决心。不含贬义。可以说"做 / 搞 / 是一锤子买卖"、"一锤子买卖可不行"、"咱们就一锤子买卖吧"。

占便宜
zhàn pián yi

한자풀이

占 : 점령할 점 **便** : 편할 편 **宜** : 마땅 의

뜻풀이

1. 정당하지 못한 방법으로 추가 이익을 보다, 잇속(실속)을 차리다.
2. 유리한 조건을 가지다.

사진출처 : 百度网

예문

例 1 找工作的时候，男的比女的**占便宜**。

구직을 할 때, 남자가 여자보다 **유리하다**.

例 2 这次比赛你没参加，让那小子**占**了一个**大便宜**。

이번 대회에 네가 참여를 안해서 그 녀석이 **큰 이득을 보게 되었다**.

제시

때로는 남자가 여자를 희롱할 때 쓰이기도 한다. 폄하, 풍자의 의미가 함축되어있다.

占便宜 이용한 표현 방법 :

"占了 / 过 / 着……的便宜" 유리한 조건을 가지다 / 가졌다 / 가지고 있다.

"占我的便宜" 나에게 유리한 조건을 가졌다.

"总是喜欢占别人的便宜" 항상 다른 사람이 유리한 조건을 갖는 것을 좋아한다.

"不占便宜" 잇속을 차리지 않는다.

"占不了什么便宜" 어떤 잇속도 차리지 못하다.

有时候特指男子戏弄女子。多含有贬义。有指责、讽刺意味。可以说"占了 / 过 / 着……的便宜"、"占我的便宜"、"总是喜欢占别人的便宜"、"不占便宜"、"占不了什么便宜"等。

走过场
zǒu guò chǎng

한자풀이

走 : 달릴 주 **过** : 지날 과 **场** : 마당 장

뜻풀이

배우가 무대에 등장하자마자 금방 사라지다. 대강대강(건성으로) 해치우는 것을 비유한다.

사진출처 : 百度网

예문

例 1 A : 上面要来检查工作了。
A : 위에서 일을 검사하러 온다.

B : 不过就是**走走过场**罢了。
B : 그러나 대충 왔다 갈 거야.

例 2 面试只不过是**走走过场**而已，你不用担心。

면접은 **그저 간단한 형식일 뿐**이니 걱정하지 마세요.

제시

어떤 검사에 대해 성실히 대하지 않는다. "어떤 일 처리나, 동작이나 행위가 시늉만 낸다."는 의미이다. 비방, 질책하는 의미가 내포되어 있다.

走过场 이용한 표현 방법 :

"走走过场" 대충 지나가다.

"走过场而已 / 罢了" 지나가기만 했을 뿐이다.

"走了走过场" 그냥 지나가기만 했다.

常用于对某种检查不认真，也用于说某些安排、举动只是做做样子。含有贬义，有指责意味。可以说"走走过场"、"走过场而已 / 罢了"、"走了走过场"等。

보충

형식만 취하다

"형식만 취하다走形式"는 표면적으로만 하는척하고 실효성이 없다.

예) A：听说领导要找我谈话，是不是我选调的的事情有问题。

A：사장이 나를 찾아와 대화한다고 하던데, 혹시 내가 선발됐던 것이 문제가 생긴 것 입니까?

B：你已经被选调上去了，上面找你谈话只不过是**走走形式**罢了。

B：당신은 이미 선발되어 올라갔고, 위에서는 당신을 찾아와 간단히 이야기하는 형식적인 것에 불과하다.

과정만 밟다

"과정을 걷다走个过程" 무대 위를 지나가다(통과하다)라는 의미이다.

예) A：省里派人来检查，我们的项目是不是没通过？

A：성에서 사람을 보내 검사를 한다는데 우리 프로젝트가 통과를 못했나요?

B：省里已经批准了这个项目，他们来检查也只不过**走个过程**罢了。

B：성 안에서도 이 프로젝트 승인이 났다. 그들이 와서 검사하는 것도 단지 **형식적인** 것에 과정에 불과하다.

走形式

"走形式"指办事只图表面，不讲实效。

如) A：听说领导要找我谈话，是不是我选调的的事情有问题？

B：你已经被选调上去了，上面找你谈话只不过是**走走形式**罢了。

走个过程

"走个过程"即走个过场。

如) A：省里派人来检查，我们的项目是不是没通过？

B：省里已经批准了这个项目，他们来检查也只不过**走个过程**罢了。

坐冷板凳
zuò lěng bǎn dèng

한자풀이

坐 : 앉을 좌 **冷** : 찰 랭 **板** : 널빤지 판 **凳** : 걸상 등

뜻풀이

차가운 걸상 : 옛날에 서당 선생의 가난하고 고생스러운 직업을 뜻함.

1. 중요하지 않고 관심 받지 못하는 업무를 맡다.
2. 한대를 받다.
3. 오랫동안 적막하고 힘든 일을 하다.

사진출처 : 百度网

역사유래

"차가운 걸상에 앉다坐冷板凳"는 현대 중국어에서 비교적 빈번하게 사용되는 단어이다. 이 단어는 청清나라 위양보魏良辅의 《곡률曲律》에서 처음으로 실렸다. 원래 배발에서 나왔다.

무대 위에서 연극할 때, 대부분은 등받이가 있는 의자를 사용하였다. 등받이가 없는 걸상은 무대 출입구 옆에 놓아 징과 북을 치는 사람이 앉았다.

징과 북을 치는 사람은 무대의 막이 열리기 전에 징과 북을 치며 공연장 안의 분위기를 띄우는 역할을 하였다. 이것은 옛 공연장의 오래된 규정이었다.

"坐冷板凳"一词现代汉语里用得比较频繁。它最先载于清魏良辅的《曲律》，原出于梨园。在戏台上唱戏,道具多为靠背椅子，至于板凳，那是放在下场门一侧，供敲锣鼓的人坐的。台上唱戏，有锣鼓一敲，场子里顿觉热闹，故戏院老规矩，开大幕前，先来一番锣鼓，叫闹闹场。

예문

例 1 这个专业可是需要人能**坐**得住**冷板凳**才行。

이 전공은 **한대**를 받아 이겨낼 수 있는 사람이 필요하다.

例 2 A：最近李经理为什么没精打采的？

A：요즘 이 매니저는 왜 기운이 없어요?

B：**坐冷板凳**了呗。新来的老总不欣赏他。

B：**한대**를 받나 봐. 새로운 사장님이 마음에 안 들어 하셔.

제시

인기 없는 전공분야의 의미로 많이 쓰이고, 관심받지 못하는 사람을 의미하기도 한다. 폄하의 의미를 내포하고 있다.

坐冷板凳 이용한 표현 방법 :

"坐过十年的冷板凳" 10년 동안 외롭고 괴로운 일을 했다.

"坐了很长时间冷板凳" 오랫동안 한대를 받았다.

"让 / 叫……坐冷板凳" ~에게 한대를 받다.

"这个冷板凳可不好坐" 이 한대는 계속 받기 힘들다.

"坐冷板凳的滋味可不舒服" 차가운 걸상을 지키는 기분은 정말 불편하다.

常用于不受欢迎的专业、不受重视的人。含有贬义，有嘲讽意味。可以说"坐过十年的冷板凳"、"坐了很长时间冷板凳"、"让 / 叫……坐冷板凳"、"这个冷板凳可不好坐"、"坐冷板凳的滋味可不舒服"等。

第二部
社会文化
사회문화

第一章 人名称谓

인명

阿姨
ā yí

한자풀이

阿 : 언덕 아　姨 : 이모 이

뜻풀이

사전에는 알파벳 순서로 나열되어 있기 때문에 阿姨[āyí]의 '阿'는 가장 앞에 나온다. 阿姨는 줄여서 姨라고도 한다.

요즘은 여성에 대한 호칭을 광범위하게 阿姨로 쓰기도 한다. 결혼한 여자를 예사롭게 이르거나 부르는 말로 아주머니라 불리며, 원래는 친척 관계인 어머니의 여동생이나 언니를 의미했다.

어떤 지역에서는 姨妈가 어머니의 언니를 가리키고, 어머니의 여동생은 阿姨, 姨娘, 姨姨으로 불리기도 한다. 또한 어떤 지역에서는 阿姨가 어머니로 불린다.

"姨"는 어떤 경우에서는 아내의 자매들을 가리키기도 한다(처형, 처제). 아내의 언니는 큰이모大姨子라고 부르고, 아내의 여동생은 작은 이모

小姨子라고 부른다.

또한 홍콩과 마카오 등 지역에서 여성을 아줌마라고 부르면 상대방이 불쾌해 할 수도 있다. 홍콩과 마카오 등 지역은 여성을 '아가씨小姐', 남성을 '미스터先生'라는 호칭에 이미 익숙해져 있기 때문이다.

사진 출처 : 百度网

보충

고대 중국의 일부다처제 가정에서 자녀들이 서모를 부를 때 (아버지의 첩) '姨娘' 혹은 '阿姨'라고 불렀는데 이는 "어머니의 여동생"이란 본래의 뜻에서 인용된 것으로 보인다.

'姨娘' 앞에 여성의 친정 성씨를 붙이면 누군가의 첩이라는 의미이다. 《홍루몽红楼梦》의 '赵姨娘和'와 '周姨娘' 등이 그 예이다.

在古代中国一夫一妻多妾家庭中，子女也会称庶母(父亲的妾)为"姨娘"或"阿姨"，应该是引申自"母亲的妹妹"的本义。"姨娘"之前若加上所称呼的女性的娘家姓氏，则是称呼他人的妾侍，如《红楼梦》的赵姨娘和周姨娘。

陈世美
chén shì měi

한자풀이

陈 : 베풀 진 **世** : 인간 세 **美** : 아름다울 미

뜻풀이

진세미. 진세미는 소설과 희곡 속에 등장하는 인물로 은혜를 모르고 의리를 저버리는 배신자로 형상화되었으며, 이후 사람들은 은혜를 저버리는(주로 애정에 있어서) 대명사로 부르게 되었다.

사진 출처 : 百度网

역사유래

진세미陈世美는 최초로 명대明代소설 포룡도판 백가공안包龙图判百家公案》에서 나왔으며, 청대清代 고전인《삼협오의三侠五义》의 속서《연칠협오의续七侠五义》에 진세미의 스토리가 완결판으로 나와 있다. 전통 희곡《진향연秦香莲》(다른 이름《찰미안铡美案》)에도 영향을 주었다. 진세미는 극 중

양심을 저버리고, 아내와 자식을 버리는 이면적인 인물로 결국엔 포청천에게 참수형을 당해 죽는다. 이로부터 후대에 양심을 저버리는 사람을 가리키는 대명사가 되었다.

陈世美的形象最早出自明代小说《增像包龙图判百家公案》，在清代古典名著《三侠五义》的续书《续七侠五义》中陈世美故事得以完善定版，并影响传统戏曲《秦香莲》(又名《铡美案》)。陈世美在剧中是忘恩负义、抛妻弃子的反面人物，最后被包拯所斩，也因此在后世成为负心人的代名词。

보충

진향연秦香莲

진향연은 북송시대《포공안包公案·찰미안铡美案》중 쓰라린 운명의 가상적인 인물이다. 이 이야기는 세상에 널리 퍼지고, 평극, 경극, 진극, 호북 지방의 전통극, 예극, 월극 등 많은 버전이 있으며, 버림받은 부녀 이야기의 대명사가 되었다.

대략적인 이야기를 살펴보면, 북송시기에 진세미는 개봉으로 상경 후 장원 시험에 합격하여 부마가 되었다(왕의 사위). 그의 고향에서는 몇 해의 흉작으로 부모님이 세상을 떠나시고, 아내 진향연은(지금의 호북성湖北 단강구丹江口 사람) 자식을 데리고 남편 진세미를 찾으러 상경하였으나, 궁에서 그를 맞닥뜨리자마자 바로 쫓겨났다. 이를 승상 왕연령王延龄이 불쌍히 여겨 진향연을 진세미의 생일날 노래하는 여인으로 분장시켜 궁에 들여와 헤어졌던 부부를 다시 만나게 해주려고 했다. 왕연령은 진향연에게 종이부채를 주며, 수도 개봉에 가서 고해바치라고 암시하였고, 진세미는 이를 알고 한기韩琪라는 사람을 보내 자신의 처자식을 죽이라고 사주하였다. 그러나 한기는 끝내 진향연의 모자들을 죽이지 못하고, 스스로 목을 끊었다. …… 진향연이 삼관당으로 뛰어나와, 포청천 앞에서 진세미가 아내를 죽이고 자손을 없애려 한다고 고했다. 포청천이 개봉부로 진세미를 불러들여 좋은 말로 타일렀지만 말이 통하지 않았다. 진세미와 대질하자, 진세미는 스스로 황제의 친척과 외척에 의지하여 교만하게 굴며 억지 변명을 하였다. 이에 포청천이 몹시 노하여 작두형을 내리려하였는데 황제 고모와 태후는 그 소식을 듣고도 막지 않았고 진세미는 결국 작두형에 처해졌다.

秦香莲

秦香莲是北宋时代包公案-铡美案中的苦情虚拟人物，这一故事广泛流传，被改编为评剧、京剧、晋剧、河北梆子、豫剧和越剧等多个版本；是被抛弃的妇女的代名词。大概的剧情是，北宋年间，陈世美进京应试，考中状元，被招驸马。其家乡连年荒旱，父母去世，妻子秦香莲(湖广均州人士，今湖北丹江口人)携儿女进京寻夫，闯宫遭逐。丞相王延龄怜之，试图让秦香莲在陈世美寿辰之日扮成歌女席间弹唱以助破镜重圆，不成。王延龄授秦香莲纸扇，暗示其到开封府告状。陈世美派家将韩琪追杀，韩终放走秦香莲母子，自刎……秦香莲逃出三官堂，至包拯前控告陈世美“杀妻灭嗣”，包拯将陈世美召到开封府，好言相劝，话不投机。令秦与对质，陈世美自恃国戚，强词狡辩；包拯怒欲铡之。皇姑、太后闻讯阻刑，包拯不顾，铡死陈世美。

程咬金
chéng yǎo jīn

한자풀이

陈: 베풀 진 **咬**: 물 교 **金**: 쇠 금

뜻풀이

정교금程咬金(589-665.2.26). 원래 이름은 교금이고 나중에 지절知节이라고 바꿨다. 제주 동아(현 산동동평서남쪽)济州东阿(今山东东平西南)사람이다. 당唐나라 개국 대장이며, 능연각凌烟阁 스물넷 공신 중 한 명이다.

사진 출처 : 百度网

역사유래

중도에 갑자기 차질이 생기다.半路杀出个程咬金

《설당연의전전说唐演义全传》에서 정교금은 처음으로 강도 노릇을 해서 그 돈으로 장사를 시작했다. 어느 날 정교금과 우준달은 왕양림파杨林派인 "대태보大太保" 나방罗方, "이태보二太保" 설량薛亮이 이곳을 거쳐 간다는 소식을 듣는다. 정교금은 왕강王杠 부대가 6월 24일에 경성 장안에

보내는 은 48만 냥을 노리고 미리 약탈할 것을 모의한다. 약탈을 위해 치밀하게 준비하였고, 눈 깜짝할 사이에 6월 24일이 되었다. 밀정이 왕강王杠 부대가 왔다고 보고하자, 정교금은 부하들에게 숨으라고 명령하고 왕강부대가 대산의 요충지에 올 때를 기다렸다. 정교금은 손에 큰 도끼 하나를 들고 있었다. 하늘에서 신이 인간세계에 내려온 것처럼 길 중간에 서서 말했다. "나는 원래 하늘과 같은 거물인데 재물만 약탈하고 쓸데없는 것은 안 가져가니, 너희들이 이 길을 지나가고자 한다면 통행료를 내고 가거라." 그 소리는 마치 청천벽력과 같아서 땅이 진동하고 산이 흔들리는 것 같았다. 나방과 설량은 빼앗기지 않으려고 했지만 그들은 도저히 정교금의 적수가 되지 못하였고, 정교금의 도끼에 세 번이나 찍혔다. 정교금은 이번 약탈로 은 48만 냥은 물론 산호, 비취, 진주, 마노 등 진기한 보물을 얻었다. 이 이야기가 바로 "중도에 갑자기 차질이 생기다"의 옛 유래이다.

在小说《说唐演义全传》中，程咬金头一次当强盗，就做了笔大买卖。一日，程咬金、尤俊达听说靠山王杨林派"大太保"罗方、"二太保"薛亮路经此地，于六月二十四日将48万两银子送到京城长安，便议谋劫王杠。为此，他们做了精心的准备。转眼间六月二十四日来到了，探子来报，王杠的队伍来了。程咬金吩咐手下隐蔽起来，等队伍来到大山隘口时，程咬金手拖一把大斧子，如同天神下界一般，立在道中间，说道："我本是一霸天，专门劫财不要砖，你想要从此路过，快快留下买路钱！"那声音好似晴天霹雳，震得地动山摇。罗方、薛亮急忙应战，他们根本不是程咬金的对手，三斧下去，纷纷败下阵来。这次劫王杠，不仅获银子48万两，还有珊瑚、翡翠、珍珠、玛瑙等奇珍异宝。这就是"半路杀出个程咬金"典故的由来。

보충

수隋나라 말년, 정교금은 와강군(농민 반란군)에 들어가 왕세충王世充을 투입시킨 뒤 당나라를 굴복시켰다. 이세민李世民의 뒤를 따라 송금강宋金刚을 무찌르고 두건덕窦建德을 생포하고, 왕세충을 항복시켜 그 공로로 국공에 봉해졌다. 현무문의 변玄武门之变에 참여하였고, 옛 노주泸州(지금의 사천성 남부 도시)에 도독都督(군무를 맡아 보던 무장)과 좌령군 대장군左领大将军을 맡고, 노국공卢国公에 봉해졌으며 보주普州(지금의 사천성 안악현)의 장관을 맡기도 하였다. 그 사적은 각종 문학작품에서 많이 볼 수 있다.

隋朝末年，程咬金先后入瓦岗军、投王世充，后降唐。随李世民破宋金刚、擒窦建德、降王世充，以功封宿国公。参与玄武门之变，历泸州都督、左领军大将军，改封卢国公，世袭普州刺史。其事迹常见于各种文学作品。

大哥
dà gē

한자풀이

大 : 클 대　**哥** : 형 가(성씨 가)

뜻풀이

맏형. 형제자매 중 첫째를 지칭하는 말로 구어에서 나이가 비슷한 남자라고도 쓰이지만 자신보다 나이가 많은 남자를 지칭하여 쓰이기도 한다. 또 "맏형이 좋다" 또는 "일이 있으면 큰형을 찾는다"라는 말도 있다. 노래가사에서는 한 세대 손윗사람을 지칭하는데도 쓰인다.

'맏형'의 구체적인 의미는 다음과 같다.

(1) 재능 있는 남자의 존칭.

(2) 친하고 연배가 있는 남자에 대한 호칭.

(3) 조폭 혹은 패거리 두목.

(4) 비위를 맞추는 남성을 지칭.

(5) 능력 있는 사람을 일컫는 말.

(6) 장강 중·하류 지역에서 이상한 남성에 대한 특수한 칭호.

보충

도원결의

동한东汉말년, 조정이 부패하고 여러 해 계속 흉년이 더해져 백성의 생활이 매우 어려워졌다. 이에 유비刘备는 어려운 백성을 구하고자 했고 장비张飞, 관우关羽도 유비刘备와 뜻을 함께 하였다.

사진출처 : 凤凰网

세 사람은 서로 의기투합하였고, 장비는 복숭아밭에서 천지天地에 제祭를 지내자고 하였다. 이 무렵 만개한 복숭아꽃이 매우 아름다웠으며, 장비는 청우백마를 준비하여 제물로 받치고 향을 피워 제사를 지내고, 마지막으로 선서를 하면서 제를 마쳤다. 세 사람은 나이 순서대로 형제를 맺었는데 연장자 유비는 큰형大哥이 되었고, 관우는 둘째第二, 장비는 막내동생弟弟이 되었다. 이 이야기가 바로 '삼국연의三国演义'의 유명한 '도원결의桃园结义'이다.

桃园结义

东汉末年，朝政腐败，再加上连年灾荒，人民生活非常困苦。刘备有意拯救百姓，张飞、关羽又愿与刘备共同干一番事业。三人情投意合，选定张飞庄后一桃园。此时正值桃花盛开，景色美丽，张飞准备了青牛白马，作为祭品，焚香礼拜，宣誓完毕；三个人按年岁认了兄弟。刘备年长做了大哥，关羽第二，张飞最小做了弟弟。这便是《三国演义》中著名的"桃园结义"。

牛郎织女
niú láng zhī nǚ

한자풀이

牛 : 소 우　郎 : 사내 랑　织 : 짤 직　女 : 여자 녀

뜻풀이

견우와 직녀. 중국 고대 민간에서 전해 내려오는 애정 이야기이다.

사진출처 : 凤凰网

역사유래

견우성, 직녀성으로부터 별의 이름이 회자되었다. 전설에 의하면 고대 천제의 손녀인 직녀는 베를 잘 짰다고 한다. 매일 하늘에 노을을 짜고 지냈으나 그녀는 무미건조한 생활을 싫어해서 몰래 속세에 내려가 황하 서쪽 지방의 견우에게 시집을 갔다. 견우는 농사를 짓고 직녀는 베를 짜며 생활 한다는 것을 알고 천제가 몹시 화가 났고, 직녀를 다시 천궁으로 붙잡아 왔다. 그들에게 헤어지기를 명하고, 그들이 매년 7월 7일 작교에서

한 번만 만날 수 있도록 허락하였다. 그들의 굳은 사랑은 까치를 감동시켰다. 많은 까치가 날아올라 하늘과 강을 건너는 무지개다리를 만들었으며, 견우와 직녀를 은하에서 만나게 하였다.

《고시 십구수古诗十九首》

"은하 남동쪽에 견우성이 멀리서도 보이고, 은하의 서쪽에서 직녀성이 밝고 맑다. 직녀가 부드럽고 길게 하얀 두 손을 흔들고 있는 데, 베틀이 지저귀는 소리가 그치지 않는다. 하루 종일 천을 한 단도 짜지 않아 흐느끼는 눈물이 비 오듯 영락했다. 이 은하가 청명하고 얕게 보이는데, 양안의 거리는 얼마나 멉니까? 은하수 한 개를 사이에 두고 있지만 말없이 정을 담아야 했다." "견우와 직녀"는 천상에 대한 숭배에서 비롯되었으며, 그 후 칠석절로 발전했다. 명절을 지낼 때마다 고대 여성들은 하늘의 직녀성과 견우성에게 자신이 지혜로운 두뇌와 손재주를 가지게 해달라는 것과 아름다운 인연을 빌었다.

从牵牛星、织女星的星名衍化而来。传说古代天帝的孙女织女擅长织布，每天给天空织彩霞，她讨厌这枯燥的生活，就偷偷下到凡间，私自嫁给河西的牛郎，过上男耕女织的生活，此事惹怒了天帝，把织女捉回天宫，责令他们分离，只允许他们每年的七月七日在鹊桥上相会一次。他们坚贞的爱情感动了喜鹊，无数喜鹊飞来，用身体搭成一道跨越天河的彩桥，让牛郎织女在天河上相会。

《古诗十九首》:"迢迢牵牛星，皎皎河汉女。纤纤擢素手，札札弄机杼。终日不成章，泣涕零如雨。河汉清且浅，相去复几许？盈盈一水间，脉脉不得语。"牛郎织女"源于人们对自然天象的崇拜，后来发展成为七夕节。每到过节时，古代女性会向着天上的织女星和牛郎星许愿，希望自己能有智慧的头脑、灵巧的双手与美好的姻缘。

보충

칠석절七夕情人节

칠석절, 칠교절, 칠월 칠석, 쌍칠절, 칠남매 탄신일이라고 부른다. 견우와 직녀이야기는 민간 전설에서 전해 내려와 사랑이 주제이며 여성이 주체인 총체적인 의미의 명절이다. 칠석의 견우직녀는 사람들의 자연 숭배에서 유래되었다. 상고시대 옛 사람들은 천문성구와 지리구역을 서로 대응시켰다.

오랜 역사를 통해 견우와 직녀 이야기는 사람들에게 아름다운 전설로 자리매김했으며 민간 여성들이 직녀성에게 지혜를 구하고, 인연을 기원하는 등의 문화는 풍부한 인문학적인 의미를 가진다. 칠석은 사랑과 관련된 의미를 부여해 사랑을 상징하는 명절이 되었고, 이는 중국에서 가장 낭만적인 전통 명절로 꼽혔다. 당대에는 "중국 발렌타인데이"라는 문화적 의미를 더하고 있다.

칠석절은 세계에서 가장 먼저 탄생한 애정(사랑)을 기념하는 명절이며, 칠석 밤에는 견우직녀성, 단짝친구 방문, 직녀 제사, 인연 빌기, 여홍 자르기, 복을 기원하는 등 중국 민간의 전통 풍습이 있다. 옛날에는 세상에 수많은 다정한 남녀가 칠석날 밤 견우직녀인 '오작회' 때 별하늘을 향해 자신의 인연으로 가득하기를 기원했다. 칠석절은 2006년 5월 20일 중화인민공화국 국무원에 의해 제1차 국가급 무형문화유산으로 등재되었다.

七夕情人节

七夕节，又名七巧节、乞巧节、双七、七姐诞等，是一个以"牛郎织女"民间传说为载体，以爱情为主题，以女性为主体的综合性节日。七夕的"牛郎织女"来源于人们对自然天象的崇拜，早在上古时代，古人将天文星区与地理区域相互对应经历史发展，牛郎织女天文星象被赋予了人格化的美丽传说，以及民间女性向织女星乞巧智慧、祈祷姻缘等丰富的人文内涵。因七夕赋予了与爱情有关的内涵，使其成为了象征爱情的节日，从而被认为是中国最具浪漫色彩的传统节日，在当代更是产生了“中国情人节”的文化含义。

七夕节是世界上最早的爱情节日，七夕夜晚坐看牵牛织女星、访闺中密友、拜祭织女、祈祷姻缘、切磋女红、乞巧祈福等等，是中国民间的传统七夕习俗。古时候世间无数的有情男女会在七夕夜晚牛郎织女“鹊桥会”时，对着星空祈祷自己的姻缘美满。2006年5月20日，七夕节被中华人民共和国国务院列入第一批国家级非物质文化遗产名录。

七大姑八大姨
qī dà gū bā dà yí

한자풀이

七 : 일곱 칠 大 : 클 대 姑 : 시어머니 고 八 : 여덟 팔 姨 : 이모 이

뜻풀이

일곱 명의 고모와 여덟 명의 이모. 보통 친척을 가리킨다. 7명의 고모와 8명의 이모는 표면적으로는 중·장년 여성 무리를 가리키는 듯하지만 외삼촌, 숙부, 사촌 동생, 사촌누나 등 모든 친척을 포함한다.

사진출처 : 百度网

보충

"일곱 명 고모와 여덟 명 이모"는 주로 폄하의 뜻으로 쓰인다. 오늘날 젊은 사람들에게 결혼을 재촉할 때 흔히 나타난다. 예를 들어, 설을 지내러 고향에 가서 가장 짜증나는 것 중의 하나는 7명 고모와 8명 이모인데, 그들은 매일 나에게 결혼하느냐고 묻는 일이다.

혈연관계로만 보아도 "일곱 명의 고모와 여덟 명의 이모"는 관계는 매

우 가깝다. 우리의 인생에서는 크게 대치되는 일도 생기고 실제 상황에서는 매우 복잡한 것이 많다.

"일곱 명 고모와 여덟 명 이모"는 매우 큰 힘이 있다. 줄 것은 주는 동시에 반드시 말의 주도권을 잡고 있는 사람들이다. 대부분의 "일곱 명 고모와 여덟 명 이모"는 그 강세에 비해 우리 인생에 실질적인 작용을 하지 못하며, 평소에 단지 감찰관이나 평론가 정도의 역할만 해야 한다.

七大姑八大姨主要用于贬义。常出现于现今年轻人被催婚时使用。例如：过年回家最烦的就是七大姑八大姨了，他们每天都在问我什么时候结婚。

从血缘关系看，"七大姑八大姨"和我们关系紧密，应该对我们的人生产生很大加持，实际情况却很复杂。

"七大姑八大姨"往往很强势，付出的同时当然就掌握了话语权，相比那些强势的"七大姑八大姨"，大多数"七大姑八大姨"对我们的人生起不到实际作用，平日里无非担任观察员、评论员的角色。

叔叔
shū shu

한자풀이

叔 : 아저씨 숙

뜻풀이

숙부, 아저씨. 현대에서 '삼촌'은 아버지 동생에 대한 존칭으로 쓰인다. 고대에는 아버지의 남동생을 '숙부'라 하며, 아버지의 제수를 '숙모'라 하였다. 남편의 동생도 숙부라고 하였다. 또한 아버지와 비슷한 또래의 남성에게 예의를 갖추어 부르는 호칭이다.

사진출처 : 百度图片

보충

큰삼촌大叔

큰삼촌은 현대 중국어 어휘이며, '숙叔'은 아버지의 동생을 지칭하는 호칭이다. 일상에서도 이런 호칭은 자주 쓰인다. 어떤 사람들은 이 호칭을 자신의 아픈 경험 혹은 유행을 따라가지 못하는 뒤쳐지는 청년을 부르는 말로 비아냥거리는 의미로 사용된다. 요즘에는 큰삼촌大叔도 나이가 많은 성인 남자를 가리키며 사용되고 있다.

大叔

大叔是现代汉语词语，“叔”是对父亲的弟弟的称谓，日常生活中也经常使用，更有人将其用作对自己辛酸坎坷的经历或是某些青年跟不上时尚潮流的落伍状态的一种嘲讽。现在大叔也指年龄较大的成年男子。

小祖宗
xiǎo zǔ zōng

한자풀이

小 : 작을 소　祖 : 할아버지 조　宗 : 마루 종

뜻풀이

사랑하는 사람에 대한 애칭으로 귀염둥이의 의미로 쓰인다. 주로 다음과 같은 두 가지 의미로 해석된다.

1. 옛날에 노비가 젊은 주인을 부르는 호칭의 일종이다.
2. 오늘날 부모나 어른들이 아이를 나무랄 때 사용한다.

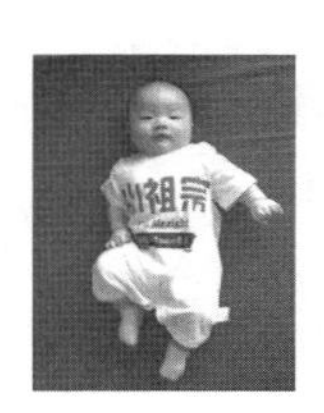

사진출처 : 百度图片

예문

例 1 我的**小祖宗**啊！你可安静点儿吧，别闹了。

나의 **小祖宗**(귀한 손녀나 자식을 함부로 부르지 않고 오히려 높여 부르는 말)! 조용히 좀 있자. 시끄럽게 굴지 말고.

例 2 **小祖宗**，你走路慢点，别摔着了。

小祖宗! 너 천천히 오렴. 넘어지지 말고.

新郎
xīn láng

한자풀이

新 : 새 신 **郎** : 사내 랑

뜻풀이

신랑이란 혼인할 때 남자를 부르는 호칭. 새신랑 혹은 새서방新郎官이라고도 한다. 결혼식 날 신랑은 보통 예복을 입고 결혼의 식과 법률 절차를 거쳐 여성의 남편이 된다. 신혼인 남자를 의미하기도 한다.

사진출처 : 六图网

당나라 때 처음으로 등장했는데, 그때는 과거시험에 합격한 재능이 뛰어난 사람을 의미했다.

출전

당唐나라 고비웅顾非熊《送皇甫司录赴黔南幕》의 시에서는, "이별을 고하고 슬퍼하니, 신랑은 외로운 한 해를 보냈다.远别因多感, 新郎倍寂寥"고 했다.

명明나라 호응린胡应麟《소실산방필총少室山房笔丛 · 장악위담庄岳委谈》 상권에서는, "요즘 풍속은 새로 장가를 가는 것을 신랑이라고 한다.今俗以新娶男称新郎……"라고 하였다.

唐顾非熊《送皇甫司录赴黔南幕》诗："远别因多感，新郎倍寂寥。"

明胡应麟《少室山房笔丛·庄岳委谈上》："今俗以新娶男称新郎……

역사유래

민간전설에서는 신혼 남성에 대한 호칭으로 불리었다. 신랑에 대한 다음과 같은 몇 가지 전설이 전해 내려온다.

옛날에 아주 평화로운 신가촌이라는 마을이 있었다. 그 마을에 젊은 남자가 한 명 있었는데, 그는 책도 많이 읽고, 총명하고, 성격도 활발하고, 사람들과의 관계도 좋았다. 모두 그를 '신랑'이라고 불렀다. 그는 성실히 농사를 짓고 출세를 바라지도 않았는데, 나이가 스무 살이 넘어도 가정을 이루지 못하였다. 그는 마음이 맞는 여성을 만나고 싶어 했다. 많은 사람들이 와서 혼담을 이야기 했지만, 모두 그의 눈에 들어오지 않아 번번이 그에게 거절을 당했다.

신가촌 마을에서 가까운 곳에 '성계星溪'라고 불리우는 시냇가가 있었다. 시냇가 마을에는 '성낭星娘'이라는 어여쁜 처녀가 한 명 살고 있었다.

그녀는 28살에 총명하고 지혜로운 여인이었다. 그는 예전부터 그녀의 총명하고 지혜로움을 들었고 좋아하는 마음은 있었으나, 그녀에게 다가갈 기회가 없었다. 어느 날 많은 사람들의 격려로 크게 마음먹고 중매인을 통해 그녀에게 마음을 전달했고, 중매인은 그의 부탁을 받고 그의 뜻을 그녀에게 전달하였다. 그녀 역시 그에 대한 소문은 잘 알고 있어 단번에 허락하고 싶었으나, 그의 명석함을 시험해 보고자 중매인에게 이렇게 전하라 하였다. "저는 혼사를 허락하기에 앞서 한 가지 조건이 있습니다. 이 조건은 그리 어려운 것은 아닙니다. 신혼방 하나를 준비해 주십시오. 그러나 제가 원하는 신혼방은 다른 것들과 다릅니다. 문과 창문이 없고, 기둥과 기왓장, 마룻대가 없으며, 위아래 모두 흙이 보이지 않고, 사방은 모두 돌벽으로 되어있어야 합니다."라고 하였다. 중매인이 그녀의 조건을 듣고는 "그런 방이 어디에 있나요?"라고 했다. 그녀는 중매인에게 돌아가 그에게 전달하고 만약 이 조건을 지킬 수 있다면 3일 후에 그와 가족이 될 것이고, 할 수 없다면 그의 혼사 마음을 접으라고 했다. 중매인은 이렇게 어려운 조건을 내세운 것은 분명히 혼사를 원하지 않아서라고 여기며 그에게 전달하며 어려운 조건이니 포기하고 다른 사람을 찾아 볼 것을 권유했다. 그러나 그 조건을 들은 그는 큰소리로 웃으며 "그런 조건의 신혼방을 찾는 건 너무 쉬운 일이에요. 이틀 뒤에 와서 신혼방 구경하세요."라고 했다.

이틀이 지난 후, 중매인은 다시 찾아왔고, 그는 중매인을 데리고 집 뒤에 있는 양지 바른 언덕으로 가서 큰 동굴을 가리키며 말했다. "저것이 바로 제가 준비한 신혼방입니다."라고 하면서 중매인을 데리고 동굴 안으로 들어가니, 가운데 돌침대가 하나 있고 침대 위에는 나뭇잎들이 가득 깔려있었다. 기둥도 대들보도, 창문도, 문도 없고, 사방이 모두 돌벽이었다.

중매인은 감탄하여 끊임없이 칭찬하며 이렇게 말했다. "좋은 방이에요. 그녀가 말한 모든 조건에 부합하는 다른 세상의 신혼 동굴방이네요." 그제서야 중매인은 그녀가 신랑을 시험해 본 것을 깨닫게 되었다.

다음 날 그녀와 신랑은 이 '동굴방'에서 하늘과 땅을 섬기며 혼인을 하였고, 부부가 되어 오래도록 사랑하며 지냈다는 이 이야기는 전설로 전해져 내려왔다. '동(굴)방'이라는 전설은 이때부터 결혼한 새집을 의미하였다. 랑朗과 랑郎, 성星과 신新 모두 발음이 비슷하여 오늘날까지 민간에서는 새로 결혼한 남녀를 신랑新郎, 신부新娘라고 부른다.

民间传说

民间对新婚男士的称呼。关于新郎有以下传说：很久以前，在和平有个新家村。村里有一位年轻的后生，他饱读诗书，聪明过人，性格开朗，人缘极好，名叫"新朗"。他勤于耕种，不求功名，如今已年过二十，尚未成家，一心想找位志趣相投的女子为伴。登门提亲的人很多，都不在他的眼里，全都被他谢绝。

距新家村不远处有条小河叫“星溪”，溪畔村里有一位如花似玉的姑娘叫“星娘”。星娘芳龄二八，聪明贤惠。新朗对星娘的聪慧早有所闻，心里虽生爱慕之情，苦于无法接近。在众人鼓励下，他大胆地请媒人前往提亲。媒人受新家之托，来到星娘家说明来意。星娘对新朗的聪明才智，早就了解得一清二楚。本想一口答应，但为了考考他的真才实学，便对媒人说：“要我答应这门亲事并不难，只是有个条件。“条件？”媒人说，“姑娘请讲吧，我一定转告。”姑娘笑了笑说：“这条件并不高，只要准备一间新房就行。”媒人一听这么简单的事好办。星娘又说：“这个新房与众不同，请婆婆仔细听好——不用门来不用窗，无柱无瓦无上梁，上上下下不见土，四面八方石头墙。”媒婆听了觉得奇怪，“哪有这样的房子？”姑娘说：“你回去对新朗说，如能照此办到，三天后我与他成亲。若办不到，叫他死了这条心吧！”媒人心想，这算什么条件，分明是不愿意，才故意出难题。她晦气地回去将条件对新朗一说，劝他另选人家好了。不料新朗听后却哈哈大笑，说：“这新房容易办到，两天之后请你来看新房子。”

到了第二天，媒人来到新朗家。新朗带她到屋后那座向阳的山坡上，指着一个大山洞，“那就是我准备的新房。”说罢，领着媒人走进山洞一看，一张石床摆中央，罗帐锦被铺满床，无柱无梁，无门无窗，四周皆石墙。媒人见了赞不绝口，说：“好房！正符合星娘要的‘别有洞天’的新洞房。”这时媒人才恍然大悟，原来星娘在考新朗呀！

次日，新朗和星娘在此“洞房”拜了天地成了亲，夫妻恩爱，白头到老，传为佳话。从此，人们把结婚的新房称“洞房”。“洞房”一词的来历传说源出于此。朗与郎、星与新皆系谐音，故此民间称新结婚的男女为“新郎”、“新娘”。沿袭至今没有改变。

新娘
xīn niáng

한자풀이

新 : 새 신　娘 : 어미 낭

뜻풀이

신부. 결혼 전의 처녀가 결혼을 함으로써 결혼식 날 새롭게 불리는 호칭으로 예로부터 전해 내려오는 말이다. 고대에는 첩을 가리키기도 하고 결혼한 지 얼마 되지 않은 여자를 지칭하기도 했다.

사진출처 : 百度图片

출전

《유림외사儒林外史》 제2회 : "딸을 시집보낸다. 시집가는 사람을 '신부'라고 부른다."

《20년 목도의 이상한 현상二十年目睹之怪现状》 제70회 : "반석을 먹을 때 갑자기 북소리가 요란스럽더니 신부를 데려왔다."

《儒林外史》第二回：“就如女儿嫁人的，嫁时称为‘新娘’。”

《二十年目睹之怪现状》第七十回：“吃到半席时，忽然间鼓乐喧天的新娘娶回来了。”

보충

‘신부’라는 단어는 문자 그대로 말하면, “새로운 어머니”라는 뜻이다. 요즘 인터넷에서 일부의 사람들은 신부를 ‘결혼 후에 새어머니처럼 신랑을 돌보는 사람’이라고 재미있게 해석했다. 곰곰이 생각해보면, 중국어의 어휘의 색다른 매력이 느껴지는 부분이다.

“新娘”一词但就字面意思来讲，就是“新的娘”之意，即“新的母亲”。在网络上有网友有趣地将“新娘”解释为：在结婚之后，像新妈一样照顾新郎的人。仔细一想，便觉得汉语的词汇真是别有一番趣味。

第二章 位置地名

지명

不到长城非好汉

bú dào cháng chéng fēi hǎo hàn

한자풀이

不 : 아닐 부 **到** : 이를 도 **长** : 길 장 **城** : 재 성 **非** : 아닐 비
好 : 좋을 호 **汉** : 사나이 한(한나라 한)

뜻풀이

만리장성에 이르지 못하면 호한이 아니다. 만리장성의 사나이는 꿈을 위해 분투하는 사람을 가리킨다. 만리장성의 관문에 오르지 못하면 결코 영웅이 될 수 없다는 뜻이다. 어려움을 극복하지 못하면 목적을 달성할 수 없고, 결코 영웅호걸이 될 수 없다는 것을 비유한다.

사진출처 : 百度图片

역사유래

1935년 “만리장성에 이르지 못하면 호한이 아니다.”는 모택동 주석이 10월에 쓴 시《청평악清平乐 육반산六盘山》중 한 구절이다.《청평악 육반산》은 모택동이 육반산을 넘어갈 때 마음을 시로 표현하여 지은 작품이다. “상대를 제압할 수 있는 무기가 수중에 있다.”와 반드시 “창룡을 붙잡다.”는 혁명정신을 잘 표현했다. “만리장성에 오르지 않으면 호한이 아니다.”는 말은 만리장성 관문에 오르지 않으면 결코 영웅이 될 수 없다는 뜻이다. 이것은 중화민족의 정신적 기백과 긍정적인 분투정신을 반영한 것이다.

“不到长城非好汉”出自毛主席1935年10月所写的一首词《清平乐 · 六盘山》,《清平乐 · 六盘山》为毛泽东翻越六盘山时的咏怀之作，抒发了“长缨在手”定当“缚住苍龙”的革命豪情。“不到长城非好汉”是指不登临长城关口绝不是英雄。这反映了中华民族的一种精神气魄，一种积极向上的奋斗精神。

보충

《청평악 육반산》

모택동

하늘은 높고 구름은 얇으며,
남쪽으로 날아가는 기러기를 바라본다.
만리장성에 도착하지 않으면 호한이 아니고,
걸어온 이만 여정을 손꼽아 헤아려 본다.
육반산 산봉우리에 올라,
붉은 깃발이 서풍에 휘날린다.

오늘은 상대를 제압할 수 있는 무기가 수중에 있으니,
언제 창룡을 붙잡을 것인가?

《清平乐 · 六盘山》

毛泽东

天高云淡，望断南飞雁。
不到长城非好汉，屈指行程二万。
六盘山上高峰，红旗漫卷西风。
今日长缨在手，何时缚住苍龙？

洞庭湖
dòng tíng hú

한자풀이

洞: 동굴 동(골 동) **庭**: 뜰 정 **湖**: 호수 호

뜻풀이

동정호洞庭湖는 예로부터 운몽云梦, 구강九江과 중호重湖라고 불렸으며, 장강 중류 형강남안长江中游荆江南岸에 위치한다. 환악양跨岳阳, 멱라汨罗, 상음湘阴, 망성望城, 익양益阳, 원강沅江, 한수汉寿, 상덕常德, 진시津市, 안향安乡과 남현南县 등의 현이 있다.

사진출처 : 百度图片

보충

동정호

원호

인생은 큰 파도를 제외하면,
곧 동정호의 물결과 같다.

서쪽 태양은 동정호의 큰 파도를 타고 가라앉고,
해 뜰 무렵 하늘은 공허함을 삼켜 강을 잇는다.
전설에 의하면 순임금이 군산을 순찰하였다고 하는데,
어찌 그 기쁨은 이미 지나갔는지
오직 군산 아래만 바라보니,
거센 바람과 만물이 질박한 것들만 많이 있구나.

洞庭湖

元稹

人生除泛海，便到洞庭波。
驾浪沉西日，吞空接曙河。
虞巡竟安在，轩乐讵曾过。
唯有君山下，狂风万古多。

동정호라는 명칭은 춘추·전국春秋战国시대에 시작된 것으로, 호수 중 동정산洞庭山(즉 지금의 군산今 君山)으로 인해 붙여진 이름이다. 동정호는 북쪽에서 유입되어 장강长江의 송자松滋(湖北省 西南部), 태평太平(辽宁省新市辖区), 우지藕池(湖北省 荆州市公安县), 조현调弦(湖北省石首市的调关镇调弦口) 4곳에서 물이 모인다.

남쪽과 서쪽에 상湘, 자资, 원沅, 예澧 및 멱라강汨罗江(중국 강서성에서 발원하여 동정호에 흘러드는 강으로 전국시대 초나라 충신 굴원의 투신자살로 유명 함)등의 작은 지류와 접해있고 악양시성岳阳市城 능소로부터 장강으로 유입된다.

동정호는 고대에 '팔백리동정'이라 불리었다. 90년대 말, 수자원공사 추산에 의하면 면적은 2579.2km²(일설 2740km²)로 상, 자, 원, 예와 '장강 4구'의 홍도면적(홍수를 배출하는 길 면적) 1300여 km²(일각에서 1만

8780km²라고도 함)도 있다. 둘을 모두 합치면 여전히 3979.2km²이다. 호수가 된 움푹 패인 땅 둘레는 803.2km로 총 용적 220억m³이고, 이 중 천연호수는 용적이 178억m³, 하도 용적 42억m³이다.

동정호는 장강 유역의 상류 물을 가두어서 하류의 유량流量을 조절하고 저장하는 기능을 하며 강력한 저수 능력을 갖추고 있다. 또한 일찍이 수많은 홍수의 재난과 위험을 막아주고, 장한 평원과 무한 삼진을 홍수로부터 안전하게 흘러갈 수 있게 했다.

동정호는 역사상 중요한 전략의 요지이며, 중국 전통문화의 발원지로 호수 지역에 명승지가 많다. 악양루岳阳楼는 대표적인 명승고적지면서 중요한 관광문화 자원이다.

중국 전통 농업 발상지이기도 하여 살기 좋은 곳으로도 유명한 지역이다. 호남성은 전국에서 가장 중요한 식량과 상품 원료의 공급지이고, 수산 및 양식 기지이다.

2018년까지 제방한 곳은 333곳으로, 55만8000명이 이전했고 동정호 조축면적은 1978년보다 779km² 더 확대되었다.

洞庭湖之名，始于春秋、战国时期，因湖中洞庭山(即今君山)而得名。洞庭湖北纳长江的松滋、太平、藕池、调弦四口来水，南和西接湘、资、沅、澧四水及汨罗江等小支流，由岳阳市城陵矶注入长江。

洞庭湖古代曾号称“八百里洞庭”。20世纪90年代末，据水利部门测算，有面积2579.2平方公里(一说2740平方公里)；但它还有湘、资、沅、澧四水和“长江四口”1300多平方公里洪道面积(一说1.878万平方公里)。两者合计，仍有3879.2平方公里。湖盆周长为803.2公里，总容积220亿立方米，其中天然湖泊容积178亿立方米，河道容积42亿立方米。

洞庭湖是长江流域重要的调蓄湖泊，具强大蓄洪能力，曾使长江无数次的洪患化险为夷，江汉平原和武汉三镇得以安全渡汛。

洞庭湖是历史上重要的战略要地、中国传统文化发源地，湖区名胜繁多，以岳阳楼为代表的历史胜迹是重要的旅游文化资源。也是中国传统农业发祥地，是著名的鱼米之乡，是湖南省乃至全国最重要的商品粮油基地、水产和养殖基地。截至2018年共平退堤垸333处、搬迁55.8万人，洞庭湖调蓄面积比1978年扩大了779平方公里。

鬼门关
guǐ mén guān

한자풀이

鬼: 귀신 귀 **门**: 문 문 **关**: 목 관

뜻풀이

귀문관鬼门关. 귀문관은 중국 신화 전설에서 저승을 의미한다. 실제《사해辞海》문헌 기록에 의하면, '귀문관'은 고대의 관문이다. 지금의 광서북류현广西北流县西 서쪽과 북류 욱림郁林현 사이에 있으며, 두 봉우리가 대치해 있는 중간의 관문이다. 두 봉우리와 중성 관문 사이는 30걸음도 되지 않는다. 열대지방이기 때문에 아열대성 습한 기후를 띤다. 옛날에 이곳은 어지러운 기운이 일어나며, 모기와 쥐, 개미가 많았다. 밤에 흰 안개에 싸여 까마귀와 참새가 슬피 울어 사람들이 무서워했다.

사진출처 : 百度图片

보충

귀문관의 옛 이름으로 '음양도阴阳道'라고도 불리었다.《여지기성舆地纪

胜》에서 계문의 관문이 되었으며, 명明나라 선덕宣德시기(1426-1435)에 한고관汉沽关으로 이름이 바뀌었다. 고대에는 흠钦, 염廉, 천둥雷, 경琼과 교지로 통하는 교통의 요충지였다. 한 나라의 복파장군 마원정马援征은 교지 할 때, 이곳을 거쳐서 돌에 글자를 새겼는데, 그 흔적이 아직 비석에 남아 있다. 그곳은 유달리 전염병이 많기 때문에 다시 돌아올 수 있는 사람은 드물었다. 속담에 이르기를,

"귀신의 문은 열 명이 가면 아홉은 돌아오지 못한다."라는 말이 있다. 귀문관은 귀신의 나라에 들어가려면 반드시 통과해야하는 관문이다. 누구든 이곳에 오면 반드시 점검을 받아 귀신의 나라 통행증 소지 여부를 살펴야 한다. 위에 가로로 써 있는 3글자 '귀문관'이란 글씨는 고풍스러우면서도 힘이 있다. 전설에 의하면 사람이 죽은 후 저승에 보고되는 두 번째 관문카드라고 한다. 양쪽에 18명의 귀신 왕들과 작은 문지기 귀신이 지키고 있다. 물조차 샐 틈 없이 지키고 철통같은 보안으로 견고하여 그 보안을 깰 수가 없다.

어떤 망혼이든 여기 오면 모두 통행증 여부를 검사 받는다. 이 통행증이 바로 옛날의 '길 통행증'과 같다. 그것은 사람이 죽은 후 영혼이 저승에 보고되었다는 증빙이다. 길이 3척, 너비 2척의 이 노란색 종이 위 도장에는 "천자를 도읍으로 삼고 염라대제를 안내하다"와 "세상 사람들은 반드시 이 길을 필요로 한다", "비로소 풍도의 저택에 가서 환생할 수 있다"는 것을 의미하며, 위에는 또 염라대왕, 성황, 청두현 등의 도장 3개가 찍혀 있다. 사람이 죽은 후에 곧 그것을 불태우면, 망혼은 그것을 가지고 귀문관에 가서 조사를 받고 오류가 없는 것으로 판명된 후에 관문에 들어갈 수 있다.

鬼门关是古关名，省称"阴阳道"。《舆地纪胜》作桂门关，明宣德中改名汉沽关。在今广西北流市城西，位于北流、玉林两市间。有两峰对峙，其间阔30步，俗号鬼门关。古代为通往钦、廉、雷、琼和交趾的交通冲要，汉伏波将军马援征交趾，经此勒石，残碑尚存。因其瘴疠尤多，去者罕有生还。谚云：“鬼门关，十人去，九不还。”故名“鬼门关”。唐宋诗人迁谪蛮荒，经此而死者迭相踵接。

鬼门关是进入鬼国的必经关卡。无论是谁来到这里都必须接受检查，看看是否持有鬼国通行证一一路引。鬼门关是一座牌楼，上面横书苍劲有力的“鬼门关”三个大字。传说是人死后到阴曹地府报到的第二座关卡。两旁有十八个鬼王和把门小鬼把守。森严壁垒、铜墙铁壁，牢不可破。无论哪个亡魂来到这里，必遭检查，看是否有通行证。这个通行证就是“路引”。它是人死后之魂到阴曹地府报到的凭证。在这张长三尺、宽二尺的黄纸上印有“为酆都天子阎罗大帝发给路引”和“天下人必备此引，方能到丰都地府转世升天”，上面还盖有“阎王爷”、“城隍爷”、“酆都县太爷”三枚印章。凡是人死后，即烧掉它，亡魂就拿着它到鬼门关，经查验无讹后，方能入关。

중경귀문관重庆鬼门关

중경풍도현의 귀문관은 옛날 양식의 누각으로 기와가 비첨(중국 고대 건축 양식의 일종. 처마 서까래 끝에 부연을 달아 기와집의 네 귀가 높이 들린 처마)으로 되어있다. 칠흑 같은 산문은 우주같이 넓고 넓으며 창창하고 아득하다. 피로 녹슨 듯한 편액에는 무서운 ‘귀문관’이라는 세 글자가 크게 새겨져 있어 눈길을 끈다. 앞 양쪽에는 벌주는 귀신 열여덟 명이 늘어서 있는데, 하나하나가 다 검푸른 색을 띠며 이를 드러내고 발톱을 치켜세우고, 자태가 각기 달라 생동감이 넘친다. 주변의 고목이 그늘에 가려 있고, 참새가 시끄럽게 지저귀며 겨울밤의 별과 서늘한 달빛이 음침한 공포감을 준다.

重庆鬼门关

重庆丰都县的鬼门关是一座古式楼亭，四角飞檐。漆黑的山门空阔如宇，古意苍茫。血锈般的横匾上，镌着骇人的“鬼门关”三个大字，引人注目。关前两旁排列着十八个罚恶刑鬼，一个个花颜色绿，张牙舞爪，姿态各异，活灵活现。关侧古树荫蔽，雀鸦聒噪，寒星凉月，给人阴森恐怖之感。

黄鹤楼
huáng hè lóu

한자풀이

黄: 누를 황　**鹤**: 학 학　**楼**: 다락 루

뜻풀이

황학루黄鹤楼는 호북성湖北省 무한시武汉市 장강 남안长江南岸의 우창 사산武昌蛇山 정상에 있고, 만리 장강万里长江에 인접해 있다. 국가 5A급 여행 관광지인 풍치 지구이며 '강남3대 유명한 건축물' 중의 하나이다. 예로부터 '천하강산 제일의 건축물'이면서 '천하절경'으로 불리었다.

사진출처 : 乐途旅游网

황학루는 무한시 대표적인 건축물이며, 청천각晴川阁과 고금대古琴台와 함께 '무한의 3대 명승지'로 꼽힌다.

보충

황학루

최호

옛 선인은 이미 황학을 타고 가버렸는데,
이곳은 부질없이 황학루만 남아있다.
황학은 한 번 떠나면 다시는 오지 아니한다,

흰 구름만 천년동안 부질없이 자유롭게 떠돈다.
맑은 강물에는 한양의 나무들이 또렷하고,
향기로운 풀은 아주 무성히 자라있네.
해가 저물었는데 고향은 그 어느 곳에 있는가?
강 위에 자욱한 물안개는 사람을 근심에 빠지게 한다.

黄鹤楼

崔颢

昔人已乘黄鹤去，此地空余黄鹤楼。
黄鹤一去不复返，白云千载空悠悠。
晴川历历汉阳树，芳草萋萋鹦鹉洲。
日暮乡关何处是？烟波江上使人愁。

황학루는 삼국시대三国时代 오황무吴黄武 2년(서기 223년)에 건축되었다. 이 건물은 하구성 높은 일각에 서서 수비를 하는 '군사 건축물'이었다. 진나라가 오나라를 멸망시킨 후 삼국을 통일하면서 그 건축물은 군사적 가치는 잃어버리고 동시에 강하성지가 발전하여 점차 상업적으로 변화되어 "반드시 여행을 해야 하는 곳", "반드시 연회를 해야 하는 곳"으로 즐기는 곳이 되었다. 당대唐代 시인 최호崔颢는 《황학루》라는 시를 지었고, 이백李白은 《황학루에서 광릉으로 가는 맹호연을 배웅하다黄鹤楼送孟浩然之广陵》는 시를 지었다. 역대 유명한 문인과 묵객들은 이곳에서 많은 천고절창을 남겨 황학루의 명성은 예로부터 많이 알려져 있다.

황학루는 해발 61.7m의 뱀산 정상에 위치해 있다. 청대清代의 '동치루同治楼'를 기본 모양으로 설계하고, 경광철도의 열차는 이 누각 아래쪽에서 큰소리를 내며 지나간다. 누각의 높이는 5층이며, 총 높이는 51.4m이며, 건축면적은 3219m^{2}이다. 황학루 내부는 72개의 뿌리가 둥근 기둥으로 지탱하고 있으며, 외부는 60개가 바깥쪽으로 뻗어 있고, 지붕은 10만여 개의 노란 유리 기와로 되어 있다.

황학루 건물 밖에는 동황학铜黄鹤 조형물을 주조해 놓았고, 승상보탑, 화방, 헌랑, 정각 등의 부수적인 건축물이 있어 본 누각을 더욱 웅장하고 아름답게 꾸며준다. 누각 주변에는 백운각, 상보탑, 비랑, 산문 등의 건물도 들어서 있다. 건물 전체가 독특한 민족적 스타일을 지녔고, 중국 전통문화의 정신, 기질, 신운을 발산하고 있다. 뱀산 밑에는 무한 장강대교가 조명을 서로 비추며 빌딩에 올라 멀리 바라보면 무한 삼진의 풍광이 한눈에 들어온다.

黄鹤楼始建于三国时代吴黄武二年(公元223年)，三国时期该楼只是夏口城一角瞭望守戍的“军事楼”，晋灭东吴以后，三国归于一统，该楼在失去其军事价值的同时，随着江夏城地发展，逐步演变成为官商行旅“游必于是”、“宴必于是”的观赏楼。唐代诗人崔颢在此题下《黄鹤楼》一诗，李白在此写下《黄鹤楼送孟浩然之广陵》，历代文人墨客在此留下了许多千古绝唱，使得黄鹤楼自古以来闻名遐迩。

黄鹤楼坐落在海拔61.7米的蛇山顶，以清代“同治楼”为原型设计，京广铁路的列车从楼下呼啸而过。楼高5层，总高度51.4米，建筑面积3219平方米。黄鹤楼内部由72根圆柱支撑，外部有60个翘角向外伸展，屋面用10多万块黄色琉璃瓦覆盖构建而成。

黄鹤楼楼外铸铜黄鹤造型、胜像宝塔、牌坊、轩廊、亭阁等一批辅助建筑，将主楼烘托得更加壮丽。主楼周围还建有白云阁、象宝塔、碑廊、山门等建筑。整个建筑具有独特的民族风格，散发出中国传统文化的精神、气质、神韵。它与蛇山脚下的武汉长江大桥交相辉映；登楼远眺，武汉三镇的风光尽收眼底。

雷峰塔
léi fēng tǎ

한자풀이

雷 : 우레 뢰　**峰** : 봉우리 봉　**塔** : 탑 탑

뜻풀이

뇌봉탑雷峰塔. 뇌봉탑은 황비탑皇妃塔, 서관전탑西关砖塔으로도 알려져 있으며 절강성浙江省 항주시杭州市 서후풍경구西湖风景区의 남안 석조산南岸夕照山뇌봉에 위치해 있다.

사진출처 : 百度图片

역사유래

뇌봉탑은 서기 977년 오월충의왕吴越忠懿王 전홍철钱弘俶이 산봉우리에서 불교에 공양하고 사리(불교용어로 참된 수행의 결과로 생겨나는 구슬모양의 유골)수행을 위하여 세웠다. 탑이 완성됐을 때 북송北宋은 사망한 지 얼마 되지 않은 전홍철의 부인 손씨를 '황비'로 추시해 '황비탑'으로 명명

했다. 그리고 나중에는 그 봉우리가 '뇌봉'이라고 해서 사람들이 점차 '뇌봉탑'이라고 불리게 되었다.

雷峰塔初建于公元977年，是吴越忠懿王钱弘俶为供奉佛螺髻发舍利而建。因塔成之时恰逢北宋追谥钱弘俶逝去不久的夫人孙氏为"皇妃"，所以命名为"皇妃塔"。后来，因其所在的山峰叫"雷峰"，而逐渐被人们称为"雷峰塔"。

보충

중국의 민간 소설인《백사전白蛇传》중에 법해스님은 허선을 금산까지 속이고, 백랑자 수만금산은 허선을 구한다. 후소청은 법력을 연마하여 마침내 파해를 무찔렀고, 뇌봉탑이 무너지고 백소정이 구출되었다.

예전 뇌봉탑은 1924년에 무너진 뒤 재건하였다. 신축된 뇌봉탑은 중국 최초로 동에 색을 넣어 새긴 보탑이다. 뇌봉석조는 서호 10경의 하나이며, 서호西湖 역시 중요한 관광지 중 하나이다.

中国民间故事《白蛇传》中，法海和尚骗许仙至金山，白娘子水漫金山救许仙，被法海镇在雷峰塔下。后小青苦练法力，终于打败了法海，雷峰塔倒塌，白素贞获救。

旧雷峰塔已于1924年倒塌，后重建，新建的雷峰塔为中国首座彩色铜雕宝塔。雷峰夕照为西湖十景之一。是西湖重要景区之一。

鹊桥
què qiáo

한자풀이

鹊 : 까치 작　桥 : 다리 교

뜻풀이

작교. 오작교라고도 부른다. 오작교는 전설 신화에 따르면 견우와 직녀의 진실한 사랑에 감동하여 보내온 까치가 엮은 다리이다. 견우와 직녀는 은하수로부터 떨어져 지내다가 매년 음력 7월 7일에만 만날 수 있다고 전해진다.

사진출처 : 百度图片

출전

한오 《세화기리》 권삼인 《풍속통》에서는, "직녀는 칠석에 강을 건너고, 까치를 다리로 만든다."라고 하였다.

권덕여 《칠석》 시에서는, "오늘 구름다리 오작교를 건너는 것은 마땅히 까마득히 먼 길이 아니어야 한다."라고 하였다.

韩鄂《岁华纪丽》卷三引《风俗通》:"织女七夕当渡河，使鹊为桥。"
权德舆《七夕》诗:"今日云軿渡鹊桥，应非脉脉与迢迢。"

보충

1. 전설 신화에 따르면 매년 음력 7월 7일, 즉 칠석날이면 까치가 은하에 다리를 놓아 견우와 직녀를 만나게 하여 작교라고 하는데, 이 후 이 명사는 남녀의 인연을 잇는 다양한 의미로 확장되었다.

2. 기공 내단술 용어. 다의어이고, 혀를 가리켜 오작교와 하작교라는 말도 있다. 오작교는 혀를 가리키고, 하작교는 음소굴을 가리킨다. 하천으로 수레를 옮길 때에는 오작교의 유실을 방지하고, 정교하게 인도하여 순조롭게 행하여야 한다.

1、在神话传说中每年农历七月七日，即七夕，会有飞鹊在银河上架起桥梁，让牛郎和织女得以相见，称作鹊桥，后来此一名词便引申为能够连结男女之间良缘的各种事物。

2、气功内丹术术语。多意词。指舌，又有上鹊桥和下鹊桥之说。或谓上鹊桥指舌，下鹊桥指阴蹻穴。河车转运时，要防止鹊桥走漏，引精炁顺利循行。

少林寺
shào lín sì

한자풀이

少 : 작을 소　林 : 수풀 림　寺 : 절 사

뜻풀이

소림사少林寺. 소림사는 중국 불교의 성지이자 중국 쿵푸의 발원지이다. 현재는 세계문화유산이자 전국 중요 문화재이며, 국가 5A급 관광지로 하남성河南省 정주시郑州市 등봉시登封市 영산오유봉嵩山五乳峰 아래에 위치한다. 숭산복지嵩山五乳峰의 소실의 울창한 숲속에 있어 이름이 "소림사"이다.

사진출처 : 百度图片

보충

북위北魏 태화太和 19년(남북조시대 기원전 495), 효문제孝文帝의 명으로 인도 고승인 발타존자跋陀尊者를 모시기 위해 도읍인 낙양洛阳과 마주 보이는 숭산嵩山 소실산少室山 북쪽 기슭에 창건되었다. 소림사는 약

57600m^{2}의 대지에 있으며, 현재 주지는 조동정종曹洞正宗 47세, 33대 후손인 조사문석영신祖沙门释永信이다.

소림사는 세계적으로 유명한 불교사원이다. 한나라 때부터 불교의 성지였으며, 중국의 불교 역사상 매우 중요한 역할을 하였다. 이곳은 "천하제일의 불교명소"라고 불린다. 역대의 소림 무승들이 심혈을 기울여 연구하고 끊임없이 소림 쿵푸를 발전시켜 천하에 이름을 알렸다. 원래부터 "천하의 쿵푸는 소림에서 나오고, 소림의 쿵푸는 천하제일"이라는 설이 있다.

2010년 8월, 소림사 안에 있는 상주원, 초조암, 탑림 등 모든 역사 건축물은 유네스코 세계문화유산으로 등재되었다.

소림쿵푸少林功夫

소림 쿵푸는 영산 소림사라는 특정한 불교문화에서부터 역사가 시작되어 불교 신앙을 바탕으로 불교 선종의 지혜를 충분히 구현하였다. 이는 소림사 스님이 수련하는 무술을 표현하는 전통 문화이다. 이 문화체계는 완전한 기술과 이론 체계를 가지고 있다. 그것은 무술기예와 함께 표현되고 있으며 불교 신앙과 선종의 지혜가 그 문화에 내포되어 있다. 소림 쿵푸는 달마를 조상의 스승으로 존경한다. 현재 학계에서는 '다마창권설达摩创拳说'을 주장하기도 한다.

이 군사 기술을 연습하는 풍습은 실제로 북제北齐 무승武僧 주선사稠禅师로부터 시작되었다.

始建于北魏太和十九年(495年)，是孝文帝为了安置他所敬仰的印度高僧跋陀尊者，在与都城洛阳相望的嵩山少室山北麓敕建而成。少林寺常住院占地面积约57600平方米，现任方丈是曹洞正宗第47世、第33代嗣祖沙门释永信。

少林寺是世界著名的佛教寺院，是汉传佛教的禅宗祖庭，在中国佛教史上占有重要地位，被誉为“天下第一名刹”。因其历代少林武僧潜心研创和不断发展的少林功夫而名扬天下，素有“天下功夫出少林，少林功夫甲天下”之说。

2010年8月，包括少林寺常住院、初祖庵、塔林在内的天地之中历史建筑群被联合国科教文组织列为世界文化遗产。

少林功夫

少林功夫是指在嵩山少林寺这一特定佛教文化环境中历史地形成，以佛教神力信仰为基础，充分体现佛教禅宗智慧，并以少林寺僧人修习的武术为主要表现形式的传统文化体系。这个文化体系具有完整的技术和理论体系。它以武术技艺和套路为其表现形式，以佛教信仰和禅宗智慧为其文化内涵。少林功夫尊达摩为祖师。当前学界认为，“达摩创拳说”是一种附会。其习武之风实际上始自北齐武僧稠禅师。

泰山
tài shān

한자풀이

泰 : 클 태　山 : 메 산

뜻풀이

태산泰山. 또는 대산岱山, 대종岱宗, 대악岱岳, 동악东岳, 태악泰岳라고도 불리며, 중국의 유명한 오악五岳 중 하나이다.

사진출처 : 百度图片

보충

산동성山东省 중부에 있으며 태안泰安, 제남济南, 치박淄博 3개의 시에 걸쳐 총 면적이 2만 4200ha에 이른다. 주봉인 옥황玉皇은 해발 1545m 높이에 웅장한 기세로 '오악지수五岳之首', '오악지장五岳之长', '오악지존五岳之尊', '천하 제일의 산'으로 불린다.

유네스코 세계문화유산, 세계지질공원, 국가 AAAA급 관광지구, 국가급풍경 명소구, 전국 중점문화재, 전국 문명 풍경 관광지구로 손꼽힌다.

옛 사람들은 태산을 '직통 제좌直通帝座(하늘과 직접 통하는 자리)' 의 천당으로 여겨 백성들이 숭배하였으며 왕은 이곳에서 제사를 지냈다. '태산은 편안하고, 사방은 평안하다'는 말이 있었다. 진시황부터 청대에 이르기까지 13대 제왕이 태산에서 봉선封禅* 또는 제사祭祀를 지냈고, 또 다른 24대 제왕이 72차례나 관직을 파견하여 제사를 지냈다.

태산의 거대한 산체에는 20여 곳의 옛 건축군과 2200여 곳의 비석이 새겨져 있다. 도교, 불교는 태산을 "선산불국仙山佛国"으로 보고 신격화神化하여 태산에 많은 도교 사원, 사찰을 지었다.

태산은 중화민족의 상징이자 동양 문화의 축소판이며, "천인합일(하늘과 사람이 하나임을 밝히는 유교적 개념)"사상이 담겨있는 중화민족정신유산이다.

중국의 오악명산

중국의 오악은 각각 동악태산(해발 1,545m, 산동성 태안시 태산구에 위치), 서악화산(해발 2,154.9m, 섬서성 위난시 화음시), 남악형산(해발 1,300.2m), 북악항산(해발 2,016.1m, 산시성 대동시 혼원현), 중악숭산(해발 1491.71m, 하남성 정주시 등봉시)이 있다. 오악은 일찍이 봉건 제왕이 하늘의 명을 받아 중원지역을 평정했던 상징이기도 하다.

位于山东省中部，绵亘于泰安、济南、淄博三市之间，总面积2.42万公顷。主峰玉皇顶海拔1545米，气势雄伟磅礴，有"五岳之首"、"五岳之长"、"五岳之尊"、"天下第一山"之称。是世界自然与文化遗产，世界地质公园，国家AAAAA级旅游景区，国家级风景名胜区，全国重点文物保护单位，全国文明风景旅游区。

---

* 봉선封禅: 왕이 태산泰山에 가서 천지天地에 제사 지내는 전례典禮를 뜻한다.

泰山被古人视为“直通帝座”的天堂，成为百姓崇拜，帝王告祭的神山，有“泰山安，四海皆安”的说法。自秦始皇开始到清代，先后有13代帝王引次亲登泰山封禅或祭祀，另外有24代帝王遣官祭祀72次。

泰山宏大的山体上留下了20余处古建筑群，2200余处碑碣石刻。道教、佛教视泰山为“仙山佛国”，神化泰山，在泰山建造了大量宫观寺庙。

泰山是中华民族的象征，是东方文化的缩影，是“天人合一”思想的寄托之地，是中华民族精神的家园。

中国的五岳名山

中国五岳，中国汉文化中五大名山的总称，是古代民间山神崇敬拜、五行观念和帝王巡猎封禅相结合的产物，后为道教所继承，被视为道教名山。五岳分别是东岳泰山(海拔1545米，位于山东省泰安市泰山区)、西岳华山(海拔2,154.9米，位于陕西省渭南市华阴市)、南岳衡山(海拔1,300.2米，位于湖南省衡阳市南岳区)、北岳恒山(海拔2016.1米，位于山西省大同市浑源县)、中岳嵩山(海拔1,491.71米，位于河南省郑州市登封市)。五岳曾是封建帝王仰天功之巍巍而封禅祭祀的地方，更是封建帝王受命于天、定鼎中原的象征。

西湖
xī hú

한자풀이

西 : 서녁 서　湖 : 호수 호

뜻풀이

서호西湖. 절강성浙江省 항주시杭州市 서호구西湖区 용정로龙井路 1호에 있는 항주시 서부지방의 관광 풍치 지구이다. 총면적이 49km²이며, 합류 면적은 21.22km², 호수 면적은 6.38km²이다.

사진출처 : 百度图片

보충

서호는 남쪽, 서쪽, 북쪽 삼면이 모두 산으로 둘러싸여 있으며, 호수의 백제白堤, 소제苏堤, 양공제杨公堤, 조공제赵公堤는 호수를 약간의 수면으로 분할한다. 서호의 호수의 윤곽은 타원형이어서 호수의 바닥이 비교적 평탄하다. 호수의 천연 지표 수원지는 금사간金沙涧, 용홍간龙泓涧, 적산간(혜인간)赤山涧(慧因涧), 장교계长桥溪 네 갈래이다.

서호는 중국 동남구릉 변두리와 아열대 북연에 위치해 있으며, 연간 총 복사량은 100~110kcal/m², 일조시간은 1800~2100시간이다. 서호에는 공원 명소가 100여 곳이 있고, '서호십경', '신서호십경', '삼평서호십경'이 있으며, 60여 곳의 국가·성·시의 중점 문화재와 20여 개의 박물관이 있다. 단교, 뇌봉탑, 전왕사, 정자사, 소소묘 등의 명소가 있다.

2007년 항저우시 서호는 국가 AAAA급 관광명소로 선정되었다.

또 2011년 6월 24일에 '항주 서호문화경관'이 유네스코 세계문화유산으로 공식 등재되었다.

'서호'와 관련된 문학 작품 및 전설

서호에는 예로부터 《백사전》, 《양산백과 축영대》, 《소소소》 등 민간 전설과 신화 이야기가 전해 내려오고 있다. 백사가 전하는 "끊어진 다리의 만남", "백랑자 피뢰봉탑" 등의 줄거리는 서호십경과 연결되어 있다.

하늘의 옥룡과 금봉이 은하수 선도에서 백옥을 찾았다고 전해지는데, 여러 해 동안 백옥은 빛나는 명주로 변했고, 이 보배의 진주가 어디든 비치면 그 곳의 나무는 항상 푸르고 백화가 만발한다. 그러나 그 후에 이 진주가 서왕모에게 들키고, 서왕모는 천병천을 보내어 진주를 빼앗았다. 옥룡과 금봉은 진주를 찾으러 갔고, 왕모가 거절하자 쟁탈이 일어났다. 왕모가 손을 놓자, 명주는 인간 세상에 내려와 물결치는 서호로 변하였고, 옥룡과 금봉도 함께 내려와 옥룡산(즉, 옥황산)과 봉황산이 되었다.

西湖南、西、北三面环山，湖中白堤、苏堤、杨公堤、赵公堤将湖面分割成若干水面。西湖的湖体轮廓呈近椭圆形，湖底部较为平坦。湖泊天然地表水源是金沙涧、龙泓涧、赤山涧(慧因涧)、长桥溪四条溪流。西湖地处中国东南丘陵边缘和亚热带北缘，年均太阳总幅射量在100—110千卡 / 平方厘米之间，日照时数1800—2100小时。西湖有100多处公园景点，有“西湖十景”、“新西湖十景”、“三评西湖十景”之说，有60多处国家、省、市级重点文物保护单位和20多座博物馆，有断桥、雷峰塔、钱王祠、净慈寺、苏小小墓等景点。

2007年，杭州市西湖风景名胜区被评为“国家AAAAA级旅游景区”。2011年6月24日，“杭州西湖文化景观”正式被列入《世界遗产名录》。

与“西湖”相关的文学作品及传说

西湖自古以来便流传着《白蛇传》《梁山伯与祝英台》《苏小小》等民间传说和神话故事。白蛇传中的“断桥相会”、“白娘子被压雷峰塔”等情节与西湖十景有着联系。

相传天上的玉龙和金凤在银河边的仙岛上找到了一块白玉，他们一起琢磨了许多年，白玉就变成了一颗璀璨的明珠，这颗宝珠的珠光照到哪里，哪里的树木就常青，百花就盛开。但是后来这颗宝珠被王母娘娘发现了，王母娘娘就派天兵天将把宝珠抢走，玉龙和金凤赶去索珠，王母不肯，于是就发生了争抢，王母的手一松，明珠就降落到人间，变成了波光粼粼的西湖，玉龙和金凤也随之下凡，变成了玉龙山(即玉皇山)和凤凰山。

香格里拉
xiāng gé lǐ lā

한자풀이

香 : 향기 향 格 : 격식 격 里 : 마을 리 拉 : 끌 랍

뜻풀이

샹그릴라香格里拉. 샹그릴라Shangri-la는 티베트어로 번역하면 "마음 안의 해와 달이다(지상에 있는 이상향).", 운남성云南省 적경 티베트족 자치주 관할시 및 중화인민공화국의 소재지이다. 운남성 서북부에 위치하며, 청장고원青藏高原은 산간을 횡단하는 오지로 전滇, 천川, 티베트(藏), 세 성省의 접경지이며, 유네스코 세계문화유산인 '삼강병류三江并流'의 관광 풍치 지구이다.

사진출처 : 百度图片

보충

샹그릴라 시의 원래 이름은 중전현中甸县으로, '건당建塘'이라는 티베트

어로 바탕과 리탕계 티베트왕의 세 아들과 함께 봉지封地(제후諸侯를 봉하여 준 땅)로 전해진다. '전甸'은 '둑坝子', '평지平地'를 뜻하는 단어로 보인다.

중전中甸은 나시어로 '토지土地라는 뜻으로 '추장이 사는 곳' 또는 ' 소를 사육하는 곳'을 뜻한다.

1996년 10월, 운남에서 샹그릴라의 명칭을 찾는 조사가 시작되었다.

운남성 정부는 1997년 9월 적경주부중전현에서 회의를 열어 온 세상이 찾는 도원-샹그릴라는 적경에 있다고 발표했다. 2001년 12월 17일 국무원 승인으로 중전현은 샹그릴라현으로 개칭하였다. 2002년 5월 5일에 이름을 바꾸는 축하 행사가 열렸다.

2014년 조사에 따르면 샹그릴라 총면적은 11,613m², 4개의 관할이며, 7개의 향과 6개 구와 58개의 행정촌이 있다. 2011년 말에 샹그릴라 총 인구수는 174,585명이며, 주 민족인 티베트족 외에 한족, 나시족, 이족, 백족 등 10여개의 민족이 있다. 인구밀도는 10인/m²로 운남성에서 가장 크고 가장 인구밀도가 낮은 시이다. 샹그릴라는 2011년 현재 현급县级 생산총액은 359,580만 원, 시급市级 1, 2, 3차 산업의 증가치 점유율과 전체 현의총생산가치의 비중은 9.4 : 38.3 : 52.3을 기록했다.

샹그릴라는 1930년대 영국의 작가 제임스 힐튼의 작품인《Lost Horizen 消失的地平线, 잃어버린 지평선)》이란 소설에서 동방의 군산 준령 속에 있는 영원하고 평화로운 고요한 땅이라고 처음 묘사하여 만든 이상향의 도시 이름이다.

얼마 지나지 않아 같은 제목의 영화로 제작되어 여러 오스카상을 수상하면서 더 유명해졌다. 샹그릴라 티베트 구는 역사가 깊고 자연 경치가 매우 아름답고, 보달 국립공원, 독극종고성, 송찬림사, 호도엽 등의 명소를 갖추고 있다.

香格里拉市原名中甸县，藏语称“建塘”，相传与巴塘、理塘系藏王三个儿子的封地。“甸”，似为彝语，意为“坝子”、“平地”。一说中甸系纳西语，为“土地”的音译，意为“酋长住地”或“饲养牦犏牛的地方”。

1996年10月，在云南寻找香格里拉的考察启动了。1997年9月，云南省政府在迪庆州府中甸县召开新闻发布会宣布：举世寻觅的世外桃源—香格里拉就在迪庆。2001年12月17日，经国务院批准中甸县更名为香格里拉县。2002年5月5日，举行了更名庆典。

截至2014年，香格里拉市总面积11613平方公里，辖4个镇、7个乡，共有6个社区、58个行政村。2011年年末，香格里拉市总人口为174,585人，除主体民族藏族外还有汉族、纳西族、彝族、白族等十几个民族，人口密度为10人 / 平方公里，是云南省面积最大、人口密度最低的市份之一。2011年，香格里拉实现县级生产总值359,580万元，市级一、二、三产业增加值占全县生总产值的比重为9.4∶38.3∶52.3。

香格里拉于20世纪30年代出现于英国作家詹姆斯·希尔顿的著名小说《Lost Horizen(消失的地平线)》中而为世人所向往，不久便被拍成同名电影并荣获多项奥斯卡奖，更使其为世人熟知。香格里拉藏区历史悠久，自然风光绚丽，拥有普达措国家公园、独克宗古城、噶丹松赞林寺、虎跳峡等景点。

第三章 数字名称

숫자

不管三七二十一

bù guǎn sān qī èr shí yī

한자풀이

不:아닐 부 **管**:주관할 관 **三**:석 삼 **七**:일곱 칠 **二**:두 이
十:열 십 **一**:한 일

뜻풀이

삼칠에 이십일. 앞뒤를 가리지 않고 무턱대고 하는 행동이나 (주변의 시선 등 아무런 상관없이) 옳고 그름의 이유를 묻지도 않고 함부로 행동하는 것을 비유한다. 또한 사육이십사四六二十四라고도 한다.

사진출처 : 百度图片

예문

例 1 这时我**不管三七二十一**冲出去，朝家的方向奔去。

이 때 나는 앞뒤를 가리지 않고 **무턱대고** 나가서 집으로 달려갔다.

例 2 管家走出来，**不管三七二十一**，抓住他就是一顿拳打脚踢。

집사가 걸어 나와 앞뒤를 가리지 않고 **무턱대고** 그를 붙잡아 발로 차고 주먹으로 쳤다.

역사유래

옛날에 대갓집 지주가 있었다. 어느 해에 이 지주는 머슴을 고용하여 그 집의 일을 시켰다. 그 머슴이 처음 도착했을 때, 지주가 아내에게 “그가 매일 먹는 세 끼를 단속해라! 그가 화장실 간다는 핑계로 게으름을 피우지 않도록!”이라고 말했다. 그의 아내는 그대로 처리하였다. 그랬더니 그 머슴은 매 끼니마다 세 그릇의 밥을 다 먹고 나서 일을 시작하면 두 사람의 몫을 거뜬히 해냈다.

며칠을 일한 후 그는 아내에게 “이 머슴은 이 머슴이 겉은 어수룩하고 일할 때 전심전력을 다하지만, 그가 먹는 식사량이 너무 많다. 일 년에 우리의 식량을 몇 백 근씩 먹는다! 오늘부터 하루에 세 끼를 죽으로 주어라.”라고 하였다. 그의 아내는 또 그대로 처리했다. 그 머슴은 한 끼에 일곱 그릇의 죽을 먹었고, 일을 할 때 힘이 없어서 연약한 여자보다 힘을 못 썼다. 논에는 잡초가 무성하게 자라났고, 그는 그것을 보고 서둘러 제초를 하지 않으면 곧 수확이 줄어들 것이라고 생각했다. 지주는 마음을 졸이며 단기로 머슴을 하나 더 고용하고자 했다. 자신의 식량이 낭비되는 것 때문에 그는 더 화가 났다. 하루는 밥을 먹고 지주가 머슴에게 말했다. “너는 매일 내 식량을 이렇게 많이 먹으면서 왜 일하는 것은 이리도 사내답지 못하냐?”고 따졌다. 머슴은 지주를 잠깐 보고는 젓가락으로 밥 그릇

주변을 두드리며 노래를 불렀다. "일 일 일! 하루에 밥 아홉 그릇을 먹으면서 온몸에 솜털까지 힘을 내서 재채기 한 번 해도 산을 넘기는데, 죽 죽 죽! 삼칠이십일, 오줌은 장대비 내리는 것과 같고, 거칠어진 발과 부드러운 손은 나른해진다. 내가 조급해해도 힘이 안 생기니 당신이 조급해해도 무슨 이득이 있겠는가?"

지주가 이것을 듣고 한참 동안 생각하고 난 후 정신을 차려 머슴을 앞에 두고 마누라에게 말했다. "오늘부터는 그가 밥을 아무리 많이 먹어도 아무것도 상관하지 말아라!"라고 말했다. 그의 아내는 또 남편이 시킨 대로 했고, 그 후 머슴은 열심히 두 사람의 몫을 하며 일을 했다.

据说从前有一家大户地主，有一年，这人雇了一个长工给他家干活。那长工初到时，地主的老婆说："你每天管他三顿干的吧！免得他借上茅房的机会偷懒。"他老婆照办了，那长工每顿三碗干饭，干起活来一个能顶两个用。

干了几天以后，那人又对老婆说："这个长工长了一副憨相，干活虽然卖力气，但他的饭量太大了！一年要吃我们几百斤粮食！从今天起，你一天管他三顿稀饭吧！"他老婆又照办了。那长工每顿吃七碗稀饭，干起活来有气无力，还不如一个弱女子。眼看稻田中杂草猛长，不抓紧时间除草就要减产。地主如油煎心，想再雇一个短工，又舍不得花钱管食，因此他十分恼火。一天吃饭，地主责问长工："你一天吃我三七二十一碗饭，为啥干活不像个男子汉？"只见长工边用筷子敲着碗边唱道："干干干，一天吃九碗饭，周身汗毛都有劲，打个喷嚏响过山！稀稀稀，三七二十一，尿像下竹竿雨，脚酥手软如烂泥。我着急，没有力；你着急，有啥益？"

地主听了，想了半天回过神来，当着长工的面对老婆说："从今天起，管他三三九碗干，不管他三七二十一。"他老婆又照办了。那长工干活又一个人能顶两人用了。

不三不四
bù sān bù sì

한자풀이

不 : 아닐 부　三 : 석 삼　四 : 넉 사

뜻풀이

(인품이) 바르지 못하다, 정직하지 못하다는 뜻이다.

예문

例 1 我们不要跟那些**不三不四**的人打交道。
우리는 **인품이 바르지 못한** 사람과 교류하면 안 된다.

例 2 我劝他少跟那些**不三不四**的人接触，完全是出于善意。
내가 그에게 **정직하지 못한** 사람과 만나지 말라고 충고하는 것은 온전히 선의에서 비롯된 것이다.

역사유래

이 용어는 중국 고대의 역경易经사상思想에서 처음 유래한 것으로, 각 괘卦마다 효爻가 6개씩 있어 보통 6효괘라고도 한다. 6효는 두 개의 효와 세 개의 재才가 한 팀이다. 즉 첫 번째 효와 두 번째 효는 땅(지도)이며, 세 번째 네 번째는 사람(인도)이고, 다섯 번째의 효는 하늘(천도)이다. 이는 역경에서 정도正道와 대도大道를 상징한다. "불삼불사不三不四"는 3번째, 4번째 효가 6효의 중간에 위치하는 데, 이는 인간의 도에 있지 않으며 사람 또는 사물이 정도나 대도에 있지 않은 것을 나타내므로 부정직한 자리인 것을 말한다. 따라서 사람이 정직하지 못하고 상식이하의 행동을 하는 것을 뜻하며 불성실하다는 의미를 나타내기도 한다.

最早起源于中国古代的易经思想，易经的每个卦都分6个爻，俗称6爻卦。六爻每两爻一组配三才，即初爻与二爻为地，三爻四爻为人，五爻与上爻为天。那么“不三不四”，三四爻不正位，不正时，就是指人不正直，不规矩的意思。

二把手
èr bǎ shǒu

한자풀이

二 : 두 이　把 : 잡을 파　手 : 손 수

뜻풀이

한 지역이나 직장에서 최고 책임자 다음의 책임자 즉, 2인자를 의미한다.

사진출처 : 百度图片

예문

例 1 在任何企业，**二把手**都要维护一把手的权威。如果一把手不正确，二把手的任务就是想办法使它变得正确。
어느 기업에서나 2인자는 1인자의 권위를 지키고 보호해야 한다. 만일 1인자가 옳지 않다면, 2인자의 임무는 그것을 바로 잡을 방법을 생각해야 한다.

例 2 正确的话，由一把手口头表述，就是方向、就是政策；同样的正确的话，由**二把手**来说，它只是一种参考意见，是在一把手指导下的意见。

분명히 말하면 책임자가 말하는 것이 곧 방향이고 정책이다. 같은 말을 부책임자가 하면 그것은 하나의 참고할 의견일 뿐이고, 책임자의 지시 하에 나온 의견으로 여긴다.

보충

어떠한 단체에서 2인자는 사실상 1인자의 조력자이다. 조력자란, 일을 잘함과 동시에 최적의 가치를 발휘해야 한다. 예를 들어 NBA팀에서 유명한 2인자 가솔은 과비를 도와 두 번 연속 우승에 일조하였다. 2인자 피복도 조단을 도와 우승을 가져왔다.

在一个团队中，二号人物实际上是"一号"的"副手"，属于"二把手"，要做个优秀的"二把手"，发挥到"二把手"的最佳效用，就得有"两手"。例如，在NBA中，最著名的二把手加索尔就助科比连续两次拿到冠军，和二把手皮蓬助乔丹拿到冠军。

九牛一毛
jiǔ niú yī máo

한자풀이

九: 아홉 구 **牛**: 소 우 **一**: 한 일 **毛**: 터럭 모

뜻풀이

구우일모. 아홉 마리 소의 몸에 있는 털 중 한 가닥을 뜻하며 많은 가운데 극히 적은[미미한] 부분, 큰 수 가운데 극히 일부의 수를 비유한다.

사진출처 : 百度图片

예문

例 1 这点小困难算什么，比起先辈们克服的挫折，真是**九牛一毛**。
이 정도 작은 어려움은 아무것도 아니지. 선배들이 이겨낸 좌절에 비하면 정말 **작은 일이야**.

例 1 成功是大家一起努力的成果，你那点**九牛一毛**的功劳就别提了。
성공은 우리 모두 같이 열심히 한 성과이다. 네가 **조금** 도운 부분은 말도 꺼내지 말아라.

역사유래

한汉나라 사마천司马迁《보임소경서报任少卿书》에 의하면, 가령 소인이 사형집행을 받아들여 죽음을 당하면 아홉 마리의 소를 잃고 털 하나를 얻는 것과 같으니, 그것은 개미와 어찌 다를까?

이 이야기는 다음과 같이 전해진다.

한 무제汉武帝 유철刘彻은 이릉李陵이 부대를 이끌고 흉노의 국경까지 깊숙이 들어갔다는 말을 들었다. 군 사기가 왕성하다는 말을 듣고 속으로 기뻐했다.

이 때 많은 대신들이 모여와 황제가 매우 영명해서 사람을 적절히 잘 사용한 것을 매우 축하드렸다.

나중에 이릉이 패하고 투항하자, 무제는 몹시 화가 났고, 축하해주던 대신들도 이릉의 무능과 충심을 거꾸로 꾸짖었다. 그때 사마천이 옆에 서서 한마디도 하지 않자, 무제는 그에게 이 일에 대한 의견을 물었고, 사마천은 솔직하게 말했다. "이릉은 약 오천 명의 보병으로 흉노족 팔만 기병에게 포위되어 10일 동안 격렬하게 전쟁에 맞서 싸웠다. 사실 일만이 넘는 적군을 무찌른 훌륭한 장군인 셈이다. 식량과 화살이 다 떨어진 후에야 싸움을 멈추고 돌아왔다. 이릉은 투항한 것이 아니라, 좋은 기회를 노려 나라를 위해 최선을 다한 것이다. 그의 패배의 죄는 그의 공로로 충분히 메울 수 있다."라고 하였다.

무제는 사마천이 이릉을 위해 한 변론을 들었고, 이는 또 임금의 근친 이광리李广利가 흉노를 정면으로 공격해 공을 세우지 못한 것을 빗대어 말한 것이었다. 이에 격노한 임금은 사마천을 옥에 가뒀다. 이듬해에는 이릉이 흉노를 위해 군사 훈련을 한다는 잘못된 정보가 전해졌고, 무제는 일을 제대로 파악하지도 않은 채로 이릉의 어머니와 아내를 죽였다.

정위두주廷尉杜周는 황제의 마음에 들기 위해 황제를 모함한 죄를 두고 사마천에게 결국 가장 가혹하고 치욕적인 형인 '궁형(남자는 음낭을 까버리고 여자는 음부를 도려내는 형벌)'을 내렸다. 사마천은 이런 모욕을 당한 것이 매우 고통스러워 스스로 죽기로 결심했다. 그런데 다시 생각해 보니, 자신처럼 이렇게 보잘 것 없는 사람 한 명이 죽는 것은 저 높은 사람들의 눈에는 '구우망일모九牛亡一毛(아주 미약한 일)'로 동정도 얻지 못할 뿐만 아니라 사람들의 웃음거리가 될 수 있다고 생각했다. 그래서 치욕을 견디면서 자신의 생명과 시간을 걸고 위대한《사기史记》를 쓰기로 결심했다.

옛 사람들은 이른바 참된 용기를 가진 인재는 큰 지혜가 있다고 했다. 사마천이 바로 이러한 사람이다. 사마천의 살아있는 동안의 삶은 지위도 이름도 없는 죽은 사람과 같았고 마치 죽은 개보다 못하였다. 그는 스스로 이를 알고 용기를 내어 꿋꿋이 견디며 마침내 위대한 역사서《사기史记》를 완성시켰다.

사마천이 생각을 바꾸게 된 상황을 그의 오랜 친구인 임소경에게 말했는데, 이 후 사람들은 그의 편지를 인용하여 '구우망일모'라는 구절을 사용했다. '구우일모'라는 성어로 인용되어 어떤 물건이나 어떤 인재를 비유하는 것은 "극히 일부분에 불과하며, 마치 아홉 마리 소의 몸에 붙어 있는 털 한 개와 같다."라는 의미로 쓰이게 되었다.

汉·司马迁《报任少卿书》:"假令仆伏法受诛, 若九牛亡一毛, 与蝼蚁何以异?"

汉武帝(刘彻)听说李陵带着部队深入到匈奴的国境, 士气旺盛, 心里很高兴。这时, 许多大臣都凑趣地祝贺皇帝英明, 善于用人。

后来李陵战败投降, 武帝非常生气, 原来祝贺的大臣也就反过来责骂李陵无用和不忠。这时司马迁站在旁边一声不响, 武帝便问他对此事的意见, 司马迁爽直地说李陵只有五千步兵, 却被匈奴八万骑兵围住, 但还是连打了十几天仗, 杀伤了一万多敌人, 实算是一位了不起的将军了。最后因粮尽箭完，归路又被截断，才停止战斗，李陵不是真投降，而是在伺机报国。他的功劳还是可以补他的失败之罪的。武帝听他为李陵辩护，又讽刺皇上近亲李广利从正面进攻匈奴的庸儒无功，怒将司马迁下在狱里。次年，又误传李陵为匈奴练兵，武帝不把事情弄清楚，就把李陵的母亲和妻子杀了。

廷尉杜周为了迎合皇帝，诬陷司马迁有诬陷皇帝之罪，竟把司马迁施予最残酷、最耻辱的“腐刑”。司马迁受到了这种摧残，痛苦之余，就想自杀；但转念一想，像他这样地位低微的人死去，在许多大富大贵的人的眼中，不过像“九牛亡一毛”，不但得不到同情，且更会惹人耻笑。于是决心忍受耻辱，用自己的生命和时间来艰苦地、顽强地完成伟大的《史记》的写作。

古人所谓有大勇的人才有大智，司马迁便是这样的人。他知道在他所处的年代里，死一个像他那样没地位、没名望的人，比死条狗还不如，因此他勇敢地活下去，终于完成了那部空前伟大的历史的著作——《史记》。

司马迁把他这种思想转变的情况告诉他的好友任少卿，后来的人便是根据他信中所说的“九牛亡一毛”一句话，引伸成“九牛一毛”这句成语，用来譬喻某种东西或某种人才仅是极多数里面的一部份，好像九条牛身上的一根毛一样。

三心二意
sān xīn èr yì

한자풀이

三 : 석 삼　**心** : 마음 심　**二** : 두 이　**意** : 뜻 의

뜻풀이

의지가 굳지 못하고 우물쭈물한다는 의미로 마음속으로 이리저리 망설이다. 딴 마음을 품다, 우유부단하다는 등의 의미가 함축되어 있다.

사진출처: 百度图片

예문

例 1 可是眼下大敌当前，后有追兵，你可千万不要**三心二意**，迟疑不决，误了大事。

그러나 지금 적군이 눈앞에 있고, 뒤에 추격하는 병사가 있으니, 절대로 **우물쭈물 망설이며** 결정을 못 내려 중요한 일을 그르치지 마라.

例 2 他无论做什么都**三心二意**，做不长久。

그는 무엇을 하든지 **딴 마음을 품어서** 뭐든 오래 할 수 없었다.

역사유래

“三心二意”는 불교에서 온 명사이다. 법상종法相宗에서 말하는 ‘삼심三心’은 ‘심心’, ‘의意’, ‘식识’을 가리켜 삼심이라고 한다. 마음은 ‘아뢰야阿赖耶’요, 뜻은 ‘말나末那’요, 아는 것은 앞의 육식六识이다. 바로 우리가 말하는 여덟 가지 아는 것八识을 ‘삼심’이라고 부른다.

‘두 뜻二意’에서 말나末那는 의미의 근원이며 여섯번째 깨달음이고 여덟까지의 깨달음 중의 두 가지 의미를 이의二意라고 한다. 당신이 백법명문론百法明门论을 읽으면 알겠지만 팔식八识, 오십일심소五十一心所는 모두 유위법有为法이며, 금강경에 나열되어 있는 것 또한 유위법(불교에서 사람이 하는 것이나 자연이 만들어 내는 변화를 유위라고 하는데 이는 마치 꿈과 같고 그림자와 같아서 허망하므로 속지 말라는 뜻)이다. 마치 환상이 물거품이 되는 것과 같다는 뜻이다.

“三心二意”是佛教的名词，法相宗里面讲的“三心”——心、意、识叫三心。心是阿赖耶，意是末那，识是前六识。就是我们说的八识称之为三心。

“二意”——末那是意根、第六是意识，八识里面这二种叫二意。从百法明门论可以得知，八识、五十一心所，都排列在有为法，金刚经上一切有为法，如梦幻泡影。

十全十美
shí quán shí měi

한자풀이

十 : 열 십　全 : 온전할 전　美 : 아름다울 미

뜻풀이

완전무결. 너무 완벽해서 아무런 결점이 없다는 의미이다.

사진출처 : 百度图片

예문

例 1 新生事物在刚产生时，并不都是**十全十美**，但总是不断发展壮大，最终是要取代旧事物的。

새로운 물건이 생산되는 초기에는 모든 것이 **완벽하**지는 않다. 하지만 끊임없이 발전하고 변화를 기한다면, 결국 부족한 옛 것을 대체

할 수 있을 것이다.

例 2 只要当着他的面对着他唯命是从的，他就认为是**十全十美**的女人了。

그는 그녀 앞에만 서면 절대 복종한다. 그는 그녀가 **완벽한** 여인이라 여긴다.

출전

《주례 · 천관총재하 · 의사》

《주례 · 천관총재하 · 의사》에서는, "연말이 되면, 의사의 치료 효과를 심사하여 의사에게 줄 등급을 확정한다. 무릇 병 열 가지 가운데 열 가지를 정확하게 진단하면 상급, 열 가지 중 한 가지 병을 정확히 진단할 수 없으면 그 아래 등급을 받는다."라고 하였다.

《周礼 · 天官冢宰下 · 医师》

《周礼 · 天官冢宰下 · 医师》："岁终，则稽其医事，以制其事，十全为上，十失一次之。"

五光十色
wǔ guāng shí sè

한자풀이

五 : 다섯 오　光 : 빛 광　十 : 열 십　色 : 빛 색

뜻풀이

색채가 화려하고 아름답다. 색채가 선명하고, 무늬가 다양하다는 의미이다.

사진출처 : 百度图片

예문

例 1 海底的世界在海水的反射下**五光十色**。
해저는 바닷물이 반사되어 색채가 화려하고 아름답다.

例 2 商场里陈列着**五光十色**的商品。
상점 안에 진열되어 있는 상품은 색채가 화려하고 아름답다.

출전

남조양南朝梁 · 강몰江淹의 《여색부丽色赋》에서 "오색광채가 왔다 갔다 하며 현란하게 빛난다."라고 했다.

청清 오정인吴趼人 《20년 목격한 기괴한 현상二十年目睹之怪现状》에서, "전부 얇은 여우나, 양, 친칠라(설치류) 종류를 입었으며, 보기에 더욱 색채가 화려하고 아름답다."라고 하였다.

南朝梁 · 江淹的《丽色赋》: "五光徘徊, 十色陆离。"

清 · 吴趼人《二十年目睹之怪现状》: "全部穿着细狐、洋灰鼠之类 ; 那面子更是五光十色。"

五十步笑百步
wǔ shí bù xiào bǎi bù

한자풀이

五 : 다섯 오　十 : 열 십　步 : 걸음 보　笑 : 웃음 소　百 : 일백 백

뜻풀이

오십 보 백 보. 작전 때 오십 보 후퇴한 자가 백 보 후퇴한 사람을 비웃는다는 뜻이다. 자신과 같은 결점을 가지고 있는 사람을 자신도 모르게 비웃는 것을 비유한다.

사진출처 : 百度图片

예문

例 1 你们同样犯了错，都不知悔改，还在那裡**五十步笑百步**！
너희들은 똑같이 잘못을 하고도 뉘우치고 고칠 줄도 모르니 여전히 거기서 **오십 보 백 보**이다.

例 2 你别在那里**五十步笑百步**了，你也才得六十分，没比我高明到哪里去！
너 거기서 **오십 보 백 보** 하지 마라. 너도 역시 60점 밖에 안 된다. 나보다도 특출나지 못하면 어디로 가겠니!

역사유래

전국战国시대에 맹자孟子와 양혜왕梁惠王의 이야기이다. 두 병사가 전선에서 패하여 한 병사는 오십 보, 다른 한 사람은 백 보를 도망쳤다. 오십 보에서 도망친 사람은 백 보 도망친 사람을 비웃으며 쓸모없는 사람이라고 하였다. 사실 둘 다 똑같이 도망간 것이고 도망간 거리만 조금 차이 날 뿐이다. 약간의 정도의 차이만 있지 자신과 같은 결점을 가지고 있는 사람을 자신도 모르게 비웃는다는 것을 비유한 것이다.

오십 보 백 보五十步笑百步는 맹자의 왕도(인덕仁德을 근본으로 천하를 다스리는 도리로 유학儒學에서 이상으로 하는 정치사상) 주장을 표현한 것이다.

이는 예악礼乐을 제창하고, 패도霸道정치와 전쟁의 정치이념을 반대하고, 동시에 맹자의 교묘한 논변술과 뛰어난 논변 수준을 구현한 것이었다. 그의 글속에서 '호전好战'을 마주한 양혜왕은 "부디 전쟁을 설명해 달라."고 외쳤고, 결국 '호전好战'은 "희망이 없는 백성들이 이웃 나라보다 많은 것"이라고 제시했다. 이는 상대방을 자기모순에 빠뜨리는 것이었다. 듣는 이로 하여금 자신도 모르게 허허 웃음을 터트리게 하여 필히 깊은 반성에 빠지도록 한 것이다. 양혜왕은 나라를 다스릴 때 실질적인 좋은 정책을 펴지 못했으니, 마땅히 천하의 마음을 얻을 수 있을 것이라는 목표는 기대하지 말았어야 했다.

战国时候，孟子跟梁惠王谈话，打了一个比方，有两个兵在前线败下来，一个逃跑了五十步，另一个逃跑了一百步，逃跑了五十步的就讥笑逃跑了一百步的，说他不中用。其实两人都是在逃跑了，只是跑得远近不同罢了。比喻自己跟别人有同样的缺点或错误，只是程度上轻一些，可是却讥笑别人。

"五十步笑百步"既表达了孟子主张王道，提倡礼乐，反对霸道，反对战争的政治理念，也体现出了孟子巧妙的论辩技巧和高超的论辩水平。文中面对“好战”的梁惠王“请以战喻”，最终提出“好战”就“无望民之多于邻国”，可谓以子之矛攻子之盾，令听者哑然失笑之余，定会沉入深省之中。梁惠王在治国方面并没有采取什么实质性的好政策，当然也就别指望达到天下归心的目标了。

一五一十
yī wǔ yī shí

한자풀이

一:한 일 **五**:다섯 오 **十**:열 십

뜻풀이

처음부터 끝까지(머리부터 꼬리까지) 빠뜨리지 않았다는 것을 비유한다. 숫자를 점검한다는 뜻으로도 쓰인다.

예문

例 1 他把事情发生的经过**一五一十**地向大家讲了一遍。
그는 일이 발생한 경위를 모두에게 **처음부터 끝까지** 말했다.

例 2 小强把昨天偷钱的事**一五一十**地告诉了老师。
소강은 어제 돈을 훔친 일을 선생님께 **처음부터 끝까지** 말했다.

출전

청·조설근 《홍루몽》에서는, "그냥 손수건을 열어라(돈을 쏟아라, 샤오홍한테 맡기라는 의미). 샤오홍은 그를 위해 처음부터 끝까지 세어 주었다."라고 하였다.

清·曹雪芹《红楼梦》: "便把手绢子打开;把钱倒出来; 交给小红。小红就替他一五一十的数了收起。"

一心一意
yì xīn yí yì

한자풀이

一 : 한 일　心 : 마음 심　意 : 뜻 의

뜻풀이

일을 할 때 한 가지 일에만 전념(집중)하는 것을 의미한다. 일심전력으로 한 가지 일에만 집중한다는 의미이다.

사진출처 : 百度图片

예문

例 1 人没有十全十美的，只要**一心一意**地工作,生活安定舒坦,那就妙不可言了。

사람은 누구나 완벽할 수 없다. 다만, 일할 때는 온 마음을 다해 일에만 집중하고 마음 편히 생활할 수 있다면 말할 필요 없이 훌륭하다.

例 2 无论走到哪里，人们都会听到关于张素丽**一心一意**地为人民服务的事迹。

어디를 가든지 인민을 위해 일심전력으로 봉사하는 장소려의 자취에 관하여 들을 수 있을 것이다.

출전

《삼국지三国志 · 위지魏志 · 두용전杜恕传》에서 "가평嘉平 원년(249년), 황궁의 신분을 없애고, 백성으로 내려와 장무章武라는 곳으로 유배되었다." 고 하니, 배송지裴松之가 《두씨신서杜氏新书》를 인용하여 "한마음으로 추대하고, 한마음으로 임하는 것은 솔직히 귀로만 행할 수 있는 것이다."라고 하였다.

당唐 · 낙빈왕骆宾王(640-684)의 《대여도사 왕령비 증도사 이영代女道士王灵 妃赠道士李荣》의 시에서 "사람의 뜻을 알려면 스스로 찾아야 하고, 결과가 좋으려면 마음을 깊이 함께 모아야 한다. 한마음 한뜻이라는 것은 무한한 것이고, 억지로 붙여 놓는 것은 아무런 의미가 없다."고 하였다.

명明 · 왕수인王守仁의 《전습록传习录》 상권에서 "조용하고 움직이지 않으면 안정되고, 안정된다는 것은 한마음 한뜻으로 이곳에 있으면서 천 번 생각하고 만 번 생각하여 반드시 행하여 지극한 선의를 얻고자하는 것이다."라고 하였다.

청清 · 오경재吴敬梓 《유림외사儒林外史》 제52회에서 "진정공이 이렇게 성실한 것을 보고, 일심일의로 은을 빌려 주려 한다."

청清 · 이백원李伯元의 《문명소사文明小史》 제58회 "가운이 중도에서 떨어진 후, 시련을 겪으면서 이런 세상이 있다는 것을 알고, 일심일의로 지나간 것을 회복시키고 싶었다."

호연浩然 《화양천艳阳天》 제6장에서 "이때의 마지열은 더군다나 모든 방법을 찾고 기회를 노려서 자신과 당이 같은 마음이라는 것을 보여주고 싶었다."

《三国志·魏志·杜恕传》“免为庶人，徙章武郡，是岁嘉平元年”裴松之注引《杜氏新书》：“故推一心，任一意，直而行之耳。”

唐骆宾王《代女道士王灵妃赠道士李荣》诗：“想知人意自相寻，果得深心共一心。一心一意无穷已，投漆投胶非足拟。”

明 凌濛初《初刻拍案惊奇》卷二十九：“既有此话，有烦妈妈上覆他，叫他早自挣挫，我自一心一意守他这日罢了。”

清 吴敬梓《儒林外史》第五二回：“陈正公见他如此至诚，一心一意要把银子借与他。”

清 李伯元《文明小史》第五十八回：“自从家道中落之後，经过磨折，知道世界上尚有这等的境界，一心一意，想把已去的恢复过来。”

浩然《艳阳天》第六章：“这时候的马之悦，更是想尽一切办法，寻找一切机会，表现自己跟党一心一意。”

第四章 自然环境

자연

半边天

bàn biān tiān

한자풀이

半 : 반 반　边 : 가 변　天 : 하늘 천

뜻풀이

반쪽 하늘. 이 단어는 아래 두 가지 의미로 해석된다.

1. 하늘의 일정한 부분을 의미한다.

2. 현대에는 여성의 권력과 역할이 커짐을 강조하여 하늘의 절반을 차지할 수 있다는 것에 빗대어 표현한다. 특히 부녀자나 아내를 칭찬할 때 쓰인다.

사진출처 : 百度图片

예문

例 1 谁说女儿不如男，妇女也顶**半边天**，缝衣做饭家务事，样样精通是典型，事业也当女强人，不甘落后争先锋，三八妇女节日到，事业家庭福同到。

누가 딸이 아들보다 좋지 않다고 하는가, 여자가 하늘의 반을 차지한다. 옷을 꿰매고 집안일을 하는 것 등 여러 가지에 능통하고, 바깥 사업도 여성이 잘한다. 남에게 뒤지는 것을 달가워하지 않으며 38 여성의 날이 되면 사업과 가정의 복이 함께 온다.

例 2 "三八"就是**半边天**，家里家外忙着活，大事小情紧张罗，老人孩子心挂着，再苦再累不停歇，就是为日子好好过。祝妇女朋友节日快乐！

'38'은 바로 **반쪽 하늘(여성)**입니다. 여성들은 가정 안팎으로 바쁘게 살고 크고 작은 일 모두 처리하면서 노인과 아이 모두 마음에 담고, 아무리 힘들고 지쳐도 쉬지 않고 하루하루 잘 보내려고 합니다. 여성분들, 여성의 날을 축하합니다!

成气候
chéng qì hòu

한자풀이

成: 이룰 성 **气**: 기운 기 **候**: 기후 후

뜻풀이

성과가 좋아 장래가 밝은 것을 비유하여 쓰인다. 주로 부정형 문장에 많이 사용된다.

출전

청 · 진정작 《백우재사화》 제5권에서는, "홍치존은 경학은 깊이가 있으나 시诗에는 부정한 이치가 많다. 사词가 시보다 낫긴 하나, 역시 장래가 없다(비전이 없거나 성과가 좋지 않음)."라고 하였다.

清 · 陈廷焯《白雨斋词话》五："洪稚存经术湛深，而诗多魔道；词稍胜于诗，然亦不成气候。"

예문

例 1 中国爵士乐与爵士人都还远远**不成气候**.
중국 재즈 음악과 재즈 음악가들은 **발전 가능성이 없다**.

例 2 因为，现在家里**不成气候**的，就剩我和弟弟了.
왜냐하면 지금 집에서 **장래가 없는 사람**은 나와 동생뿐이다.

出风头
chū fēng tou

한자풀이

出 : 날 출　风 : 바람 풍　头 : 머리 두

뜻풀이

자신이 남보다 낫다고 자만하며 타인의 부러움을 사고 싶어 하는 것을 비유하는 말로 "出锋头"라고도 한다. 자기를 과시하여 의도적으로 남의 주의를 끄는 것을 말하며, 부정적인 의미를 지닌다.

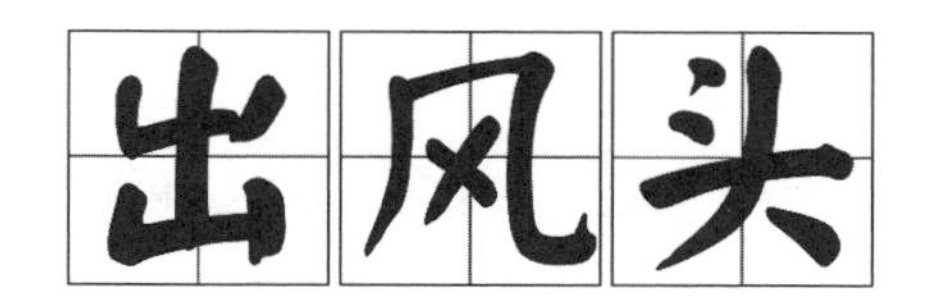

사진출처 : 百度图片

역사유래

청清나라 광서清朝 때 상해에서 가장 번화한 곳 중 한 곳은 사마길이었다. 빈둥빈둥 노는 귀족 자제(세상물정 모르고 호강스럽게 자란)들이 온종일 그곳에서 일정한 목적도 없이 하루 이틀 살아가고 있었다. 이곳은 매일 오후 3시 이후에 늘 악기소리(관악기와 현악기)와 웃음소리가 떠들썩하였고, 왕래하는 사람들이 끊임없이 많았다. 가장 사람의 눈길을 끄는 곳은 곱게 화장을 하고 아름답게 차려입고 자태를 뽐내는 기녀들이 있는 곳이었다. 사람들은 그녀들의 이런 으스대고 뽐내는 행위를 "자기를 내세우다."라고 불렀다. 유행을 잘 따르는 부자들, 아가씨, 귀족제자들도 질세라 마차를 끌고와서 자신을 과시하였다.

清朝光绪年间上海县城内最繁华的是四马路。一帮游手好闲的纨绔子弟整天在那里胡混。每天下午三点钟后，这里总是一片笙管弦乐，笑语嘈杂，车水马龙，最惹人注目的是打扮得花枝招展、忸怩作态的妓女。人们把她们这种招摇、卖弄的行为称为"出风头"。爱赶时髦的阔人及其小姐、少爷也雇辆马车出出"风头"。

예문

例 1 近来有人以为新诗人的做诗发表，是在**出风头**。
요즘 어떤 사람들은 신인 작가가 시를 발표하면, **자신을 과시하는** 것으로 생각한다.

例 2 小孩之间应该比学习，而不是互相攀比，老爱**出风头**，这样是不对的。
어린아이끼리는 배우는 것을 남과 견주어 비교해서는 안된다. 늘 **자신을 과시하는** 것을 즐기는 것은 옳지 않다.

출전

노신鲁迅의 《坟 · 论睁了眼看》에서는, "요즘 어떤 사람들은 새로운 시인이 시를 발표하는 것을 자기를 과시하는 것으로 생각한다."라고 하였다.

황배가黄蓓佳의 《心声(마음의 소리)》에서는, "그는 정말 그리워한다. 자기를 과시하는 것이 아니라, 가슴 속 깊이 오랫동안 참았던 감정이므로 모든 것을 다 밖으로 빼내고 쏟아버려야 한다."라고 하였다.

鲁迅《坟·论睁了眼看》："近来有人以为新诗人的做诗发表，是在出风头。"

黄蓓佳《心声》："他真想念。不是要出风头，是心里有种憋了很久的感情，想痛痛快快念出来，吐出来。"

出门看天气，进门看脸色
chū mén kàn tiān qì, jìn mén kàn liǎn sè

한자풀이

出：날 출　**门**：문 문　**看**：볼 간　**天**：하늘 천　**气**：기운 기
进：나아갈 진　**脸**：뺨 검　**色**：빛 색

뜻풀이

외출할 때는 날씨를 보고, 들어갈 때는 안색을 본다. 외출할 때는 날씨(하늘이 흐리고 맑고 춥고 더운 변화)를 보고, 날씨에 맞게 옷을 입어야 한다. 문에 들어서면 눈치를 살펴 상황을 판단해야 하고, 적당한 기회를 보아 상황에 따라 대처해야 한다는 의미를 지닌다.

사진출처 : 百度图片

출전

장덕의 《동소완전기》 3장에서는, "집 밖으로 나가면 하늘을 보고, 안으로 들어오면 얼굴빛을 본다."는 것은 오늘 안팎으로 뭔가 마음에 안 드는 일이 있어 화가 난다."라는 것을 의미한다.

张德义《董小宛传奇》三章："常言说：'出门看天色，进门看脸色。'今天这两位子定有什么不顺心的事，心中有气。"

예문

例 1 俗话说："**出门看天气，进门看脸色**。"牛茂盛看着曹老三一家人的举动，捉摸到有不测的风云。

속담에서는 "**외출할 때는 하늘의 색을 보고, 들어올 때는 안색을 봐라.**" 고 했고, 우무성은 조로삼 가족의 움직임을 지켜보면서 예측할 수 없는 급변하는 정세를 짐작했다고 했다.

例 2 好容易盼到王氏回来，真是**出门看天气，进门看脸色**，一看王氏进门的模样，就知道事情多半不成功了。

가까스로 왕씨가 돌아오기를 기다렸는데, **정말 집을 나서서는 하늘색을 보고, 문에 들어서서 얼굴빛을 보라는** 말이 맞았다. 왕씨가 문으로 들어가는 모습을 보자마자 일이 성공하지 못한 것을 알 수 있었다.

干打雷不下雨
gān dǎ léi bú xià yǔ

한자풀이

干 : 마를 건　打 : 칠 타　雷 : 우레 뢰　不 : 아닐 불　下 : 아래 하
雨 : 비 우

뜻풀이

천둥만 치고 비는 내리지 않는다. 큰소리만 치고 실제로 행동이나 실천은 하지 않는 것을 의미한다.

사진출처 : 百度图片

출전

노사《이혼》에서는, “큰소리만 치고 실천하지 않는 것은 아무런 의미가 없다.”라고 하였다.

老舍《离婚》: “干打雷不下雨是没有什么作用的。”

예문

例 1 高谈阔论，脱离实际，无法实现，这些人是**干打雷不下雨**。
현실과 동떨어진 고상한 탁상공론만 끊임없이 늘어놓아 실현가능성이 전혀 없다. 이런 사람은 큰 소리만 치고 실천은 하지 않는다.

例 2 毕竟这**干打雷不下雨**的事干久了，城里的人也不笨蛋，总是能察觉出来的啊!
결국 오랫동안 큰 소리만 치고 실천은 하지 않았지만 성내 사람들도 어리석지 않으니 결국 알아차릴 것이다.

보충

건 : 공. 쓸데없는 일을 허락하지 않는다는 말을 비유한 것으로. 구어에서도 사람이 큰 소리로 울 때는 소리만 크고 눈물은 흘리지 않는다고 한다. 위풍과 기세만 있을 뿐 실제로 구체적인 행동이 없을 때 사용된다.

干：空。比喻空作许诺，不肯实施，不肯给人以实惠。口语中也指人在哭的时候很大声，但是不掉眼泪。只有声势而没有实际行动。

海水不可斗量
hǎi shuǐ bù kě dǒu liáng

한자풀이

海 : 바다 해 **水** : 물 수 **不** : 아닐 불 **可** : 옳을 가 **斗** : 말 두
量 : 헤아릴 양

뜻풀이

바닷물은 말(斗 : 곡식이나 액체의 분량을 되는 단위)로 양을 잴 수가 없다. 얕은 식견으로 큰일을 헤아릴 수는 없다는 뜻으로 누군가 지금 처해진 현실로 그의 미래를 과소평가해서는 안 된다는 의미로 비유하여 쓰기도 한다.

海水不可斗量

사진출처 : 百度图片

출전

《회남자 · 태족훈》에서는, "태산은 측량할 수 없고, 강과 바다는 그 양을

잴 수 없다."라고 하였다.

명·풍몽룡《성세항언醒世恒言·기름 파는 사나이가 화괴를 독차지하다卖油郎独占花魁》에서는, "사람은 겉만 보고 평가해서는 안 되고, 바닷물은 말로 그 양을 잴 수가 없다."고 하였다. 관상학에서는 겉모습만 봐서는 안 되며, 더 중요한 것은 인품과 행실이다. 즉 마음과 품행을 더 고려해야 한다고 하였다. 《한비자韩非子·현학显学》에 이르기를, 담태자우澹台子羽는 군자의 용모를 가지고 있어 공자는 그를 믿고 제자로 받아들였다. 그와 오랫동안 함께 지내면서 그의 품행이 그의 용모와 매우 어울리지 않는다는 것을 알게 되었다. "공자가 말하기를, 용모를 보고 사람을 받아들이면 많은 것을 잃는다."고 하였다. 공자는 용모만 보고 잘못 판단한 것을 스스로 자탄하였다. 후세에 관상학자들은 관상을 볼 때는 반드시 인품과 덕행도 함께 보아야 함을 공자의 말을 인용하여 사용하였다.

《淮南子·泰族训》: "太山不可丈尺也, 江海不可斗斛也。"

明冯梦龙《醒世恒言·卖油郎独占花魁》: "人不可貌相, 海水不可斗量。"相学中指看相不能只看相貌, 更重要的是要考察品德操行, 即相心与相德。"《韩非子·显学》曰: "澹台子羽, 君子之容也, 仲尼几而取之, 与处久而行不称其貌。… . 故孔子曰: '以容取人乎, 失之子羽!"所言孔子以貌人自嗟失误之事, 后世相学家常引为相形必须同时相德的例证。

예문

例 1 凡人不可以貌相, **海水不可斗量**。

사람은 겉모습만 보고 판단해서는 안 된다. 바닷물은 말로 그 양을 잴 수가 없다.

例 2 俗话说："人不可貌相，**海水不可斗量**"，可千万别把人看扁了。

속담에서, "사람은 겉모습만 보고 판단해서는 안 되고, **바닷물은 말로 그 양을 잴 수가 없다.**"라는 말이 있듯이 절대로 사람을 얕잡아보면 안 된다.

보충

옛날에 기름을 파는 낭진중郎秦重은 유명한 기녀 화괴花魁와 사랑에 빠졌는데, 그는 그녀에게 푹 빠졌고, 화괴도 그를 매우 좋아했다. 하룻밤을 같이 보낼 은 열 냥을 마련하기 위해 필사적으로 아껴서 돈을 모았고, 은포의 동료들조차 사람은 겉모습만 보고 판단해서는 안 된다며 감동했다. 이는 "바닷물은 말로 그 양을 잴 수가 없다."와 같았다. 이후 화괴는 기녀방에서 나와 진중에게 시집을 갔고, 두 사람은 평생 사랑하며 살았다고 한다.

古代卖油郎秦重爱上有名的妓女花魁娘子，他很痴情。花魁也很喜欢他，为了筹集一夜十两银子的宿费，他拼命节俭积聚，连银铺的伙计也发感慨真是人不可貌相，海水不可斗量。后来花魁跳出妓院火坑，嫁给秦重做老婆，两人恩爱一辈子。

喝西北风

hē xī běi fēng

한자풀이

喝 : 목이 맬 애　西 : 서녘 서　北 : 북녘 북　风 : 바람 풍

뜻풀이

입에 거미줄을 치다. 원래 "바람을 흡수하다."는 도가道家에서 널리 알려져 있는 이치로 사람이 연기와 불을 먹지 않고 오직 공기만 마시며 살살아 가는 것을 의미한다. 먹을 것이 없어 굶는 것을 형용하여 가난한 삶을 표현할 때 주로 사용한다. 주로 회화에서 많이 사용된다.

사진출처 : 百度图片

역사유래

본래 '喝西北风'의 역사적 유래를 찾아보면 두 가지이다.

하나는 《좌전左传》에서 나온 것이고, 다른 하나는 주문왕희창周文王姬昌에서 나왔다.

《좌전애공左传哀公》에 따르면 춘추春秋 때 노애공鲁哀公 13년 가을 7월

에(기원전 482년) 오왕부차의 대부 신숙의가 노나라의 공손 유산에게 군량을 구걸하였는데, 당시 노나라 규정상 군의 양식을 다른 사람한테 빌려주면 안 되었다. 우나라와 노나라가 맹약을 맺고 있기는 하였으나, 상대방이 와서 식량을 빌리면 거절하기도 불편하고 또 대놓고 식량을 빌린다는 사실을 편하게 말할 수도 없어서, 두 사람은 은어로 표현하여 해결하기로 약속했다. 오나라의 대부 신숙의는 공손 유산에게 말했다. "비록 미옥은 좋지만 나는 패옥을 매달 수가 없다. 좋은 술이 가득 담겨 있어도 나처럼 빈천한 사람은 마시지 못 하고 그냥 바라만 볼 것이다." 공손 유산은 듣자마자 그의 뜻을 이해하고 대답하였다. "좋은 곡식은 없지만 잡곡은 조금 있다. 그러나 너는 나를 반드시 기다리지 말고, 산 위에서 '경계庚癸'라고 큰소리로 외칠 테니, 네가 그쪽에서 바로 대답하여 일을 처리하자."하면서 두 사람은 은어로 이야기하기로 약속했다. 군량 대신 '경계'를 쓰겠다는 것이다. 이것은 고대에 은어를 사용한 최초의 기록이다.

왜 군량 대신 '경계'를 써야 하는가? 중국 고대 음양오행에서 옛 사람들은 줄곧 계절과 방위를 천간으로 가리켰다. 경庚은 천간天干 7위로 서방西方, 주곡主谷을 지칭한다. 곡은 곡식을 가리키며 가을에 익으면 주식이 된다. 계癸는 천간의 말 위로 북방北方, 주수主水를 나타낸다. 물은 식수가 된다.

이후 사람들은 군량 대신 '경계庚癸', '호경호계呼庚呼癸' 또는 '경계 지호庚癸之呼'로 돈을 빌려주는 은어로 사용하였으며 역사 고사가 되었다.

이 고사는 민간에 전해지면서 "굶주린다. 입에 거미줄을 치다."라는 속담으로 퍼져나가게 되었다.

其实追根溯源，喝西北风真正的历史由来有两个。一是出自《左传》，二是出自周文王姬昌。

《左传哀公十三年》：春秋时鲁哀公十三年秋七月(公元前482年)，吴王夫差的大夫申叔仪，向鲁国大夫公孙有山乞求军粮，因为当时鲁国有规定：军中粮食不准借给外人。现在吴鲁两国订了盟约，对方来借粮食又不便拒绝，但话又不能明明白白说出来借粮食这件事，于是两人约了用隐语来解决此事。吴国大夫申叔仪就对公孙有山说："美玉虽好，我却无以佩戴；虽有美酒盛于美器中，我这样寒微之人却不能饮，只能斜眼看看。"公孙有山一听就明白了他的意思，就说："好的粮食没有，但粗粮还有一些。但是你一定要等我在首山上呼喊'庚癸'时，你在那边马上答应，这事就能办好了。"这是两人用隐语约定，用"庚癸"来代替军粮。这是我国古代使用隐语最早的文字记载。

为什么要用"庚癸"来代替军粮呢？在中国古代阴阳五行观念中，古人向来以天干配季节和方位。庚是天干第七位，指代西方，主谷。谷即指粮食，秋熟，可做主食。癸是天干的末位，表示北方，主水。居水之位，可饮用之。此后，人们便用"庚癸"代称军粮，以"呼庚呼癸"或"庚癸之呼"谓之向人借贷的隐语，成了历史典故。

这一典故在民间流传过程中，就衍变为俗语"喝西北风"。

예문

例 1 他没了工作，全家只能**喝西北风**了。

그는 일이 없어서 모든 가족들이 입에 거미줄을 칠 수밖에 없다.

例 2 要是没什么反响那就等着**喝西北风**吧。

아무런 반응이 없으면 앉아서 입에 거미줄 칠 수밖에 없다.

출전

장자庄子의 《소소유逍遥游》에서, "막고야산이라는 산이 있었고, 어떤 신이 살고 있었다. 양식(오곡)을 먹지 않고, 바람을 들이마시고 살았다."라고 하였다.

당조唐朝 · 왕첨枉檐의 《변경을 유람하다游边》에서, "사방을 보니, 변방에 구름이 잔뜩 끼고, 배고픈 군마가 마른 풀숲을 맡고 있다. 이 8~9월 사이에 망망 만리 황무지가 되었다. 원 곁에는 쌩쌩 부는 북서풍밖에 없다."라고 하였다.

청清朝 · 오경재吴敬梓의 《유림외사儒林外史》 제41회에서, "산을 다스리고 물을 마시게 하는 것은 모두 너의 털이 빠지지 않는 것과 같아서, 우리는 서북풍 바람을 마신다."라고 하였다.

《庄子 · 逍遥游》: "藐姑射之山，有神人居焉……不食五谷，吸风饮露。"

唐朝 · 枉檐《游边》: "边云四顾浓，饥马嗅枯丛。万里八九月，一身西北风。"

清朝 · 吴敬梓《儒林外史》第四十一回：叫我们管山吃山，管水吃水，都象你这一毛不拔，我们喝西北风。

雷声大雨点小
léi shēng dà yǔ diǎn xiǎo

한자풀이

雷: 우레 뢰　**声**: 소리 성　**大**: 클 대　**雨**: 비 우　**点**: 점 점　**小**: 작을 소

뜻풀이

계획이나 소리만 요란하고 실행에 옮기는 것은 적다. 말하는 것에만 기세가 있고 실제로 재능은 별로 없는 것을 비유한다.

사진출처 : 百度图片

출전

송·석도원《경덕전등록》제28권에서는, "번개 치는 소리만 크며, 비는 아주 조금도 내리지 않는다."라고 하였다.

宋·释道原《景德传灯录》卷二十八："雷声甚大，雨点全无。

예문

例 1　他做事往往虎头蛇尾，**雷声大雨点小**，真让人不放心。
그는 하는 일은 늘 종종 처음은 좋으나 끝이 좋지 않다. **번개소리만 크고 비가 적게 오며**, 사람으로 하여금 마음을 놓지 못하게 한다.

例 2　本指望通过该活动吸引新顾客，不料**雷声大雨点小**，除了寥寥的几个人外几乎没有人参与，壳牌的如意算盘完全打空了。

이 행사를 통해 신규 고객을 유치할 것으로 기대했는데, 뜻밖에 **천둥 번개만 치고 빗방울이 작았다.** (아주 적은) 몇 사람을 제외하고는 거의 참여하지 않아서 판매가 뜻대로 되지 않았다.

보충

속담 중에 천둥소리만 크고 비가 작게 내린다는 것은 흐느껴 울 때만 소리가 나고 정작 눈물은 흘리지 않는 것을 뜻한다.

俗语中，雷声大雨点小也可看做是哭泣时，只发出声音而并没有真正流下眼泪。

一方水土养一方人

yì fāng shuǐ tǔ yǎng yì fāng rén

한자풀이

一 : 한 일　方 : 모 방　水 : 물 수　土 : 흙 토　养 : 기를 양　人 : 사람 인

뜻풀이

그 지방의 풍토는 그 지방의 사람을 기른다. 일정한 환경이 일정한 인재를 만든다는 속담이다. 지역별로 환경에 따라 생존방식이 다르고, 지리와 기후가 달라 사상 및 관념이 다르며, 역사에 따라 처신도 다르고, 문화적 성격도 다르다. '한쪽一方'은 어떤 지역, '수토水土'는 지리적, 물리적 환경, '한쪽사람一方人'은 오랫동안 이 지역에 살았던 사람을 말한다.

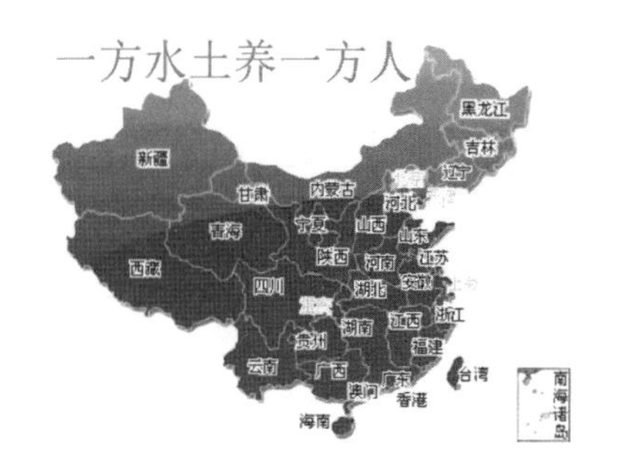

사진출처 : 百度图片

출전

양빈梁斌 《파화기播火记》 제1권 15에서는, "'그 지방의 풍토는 그 지방의 사람을 기른다.' 산에 의지하면 산을 먹고, 물에 의지하면 물을 먹는다.

물가에 물이 있고, 고기를 잡으려면 갈대를 뽑는 생활을 유지해야 하며 땅에 의지하며 살면 안된다."라고 하였다.

梁斌《播火记》第一卷十五："'一方水土养一方人'嘛，靠山吃山，靠水吃水。水淀里水，凭着治鱼解苇维持生活，不靠土地。"

예문

例 1 生活在天山的哈萨克牧民四季转场放牧，而生活在澳大利亚的人们则是定居放牧，**一方水土养一方人**，人们的生产生活也不同。
천산에 사는 카자흐스탄 유목민은 사계절 장소를 옮겨 유목을 하는 반면, 호주에 사는 사람들은 정착하여 거주한다. **그 지방의 풍토는 그 지방의 사람을 기른다는** 말처럼 사람들의 생활방식은 모두 다르다.

例 2 中国是一个多民族国家,不同地区生活方式习惯都不一样,真是**一方水土养育一方人**啊。
중국은 다민족국가이므로 각 지역의 생활방식과 습관이 모두 다르다. **그 지방의 풍토는 그 지방의 사람을 기른다.**

보충

우리는《귤유회위지橘逾淮为枳》를 배웠다. 안자晏子는 왜 귤이 회하淮河를 지나면 탱자나무가 되느냐고 물었다. 그것들이 비록 모양은 비슷할지라도 사실 맛은 다르다. 왜냐하면 그 지역 물과 흙이 다르기 때문이다(생활 환경, 문화가 다르기 때문이다). 그럼 왜 내가 제나라에서 도둑질을 하지 않고 초나라에 와서 도둑질을 했을까? 초나라 사람들은 모두 도둑질에 능하여 제나라 사람들은 모두 초나라에 도둑질을 하러 간 것이다.

그래서 이곳의 사람들은 착하고, 친절하고, 사람을 좋아해서 잘 어울린다. 여기에서 어린 시절부터 쭉 성장한 사람들은 나쁜 사람이 되지 않을 것이고, 설사 한 번이라도 나쁜 경험을 겪어봤다 하더라도 그들의 올바른 정신에 사로잡힐 것이다.

我们学过的《橘逾淮为枳》，晏子说过："为什么橘子过了淮河就成了枸橘，它们虽然样子相似，其实味道不一样，因为'水土异也'(生活环境，人文环境不一样了)。那为什么齐人在齐国不偷窃，到了楚国就偷东西了呢？他的意思就是楚国人个个都是善于偷窃的，那齐国人到了楚国才去偷窃的。

所以，在一群很和善、很亲切、很好客的人中，是不会在这里从小生长着一个坏人的，就算曾经有过，也会被他们的精神所感染。

有眼不识泰山
yǒu yǎn bù shí tài shān

한자풀이

有：있을 유 **眼**：눈 안 **不**：아닐 부 **识**：알 신 **泰**：클 태
山：산 산

뜻풀이

비록 눈이 있으나 태산을 알아보지 못한다. 견문이 너무 좁아서 지위가 높거나 재능이 많은 사람을 알아보지 못하는 것을 비유한다.

사진출처：百度图片

출전

명 · 시내암 《수호전》 제2회에서는, "사부가 이렇게 훌륭하면, 반드시 스승이 된다. 유년시절에는 비록 눈은 있으나 태산을 알아보지 못한다." 라고 하였다.

明 · 施耐庵 《水浒传》 第二回："师父如此高强，必是个教头，小儿'有眼不识泰山'。"

예문

例 1 他**有眼不识泰山**，真是一个见识短浅的人。

그는 **큰 사람을 알아보지 못하니**, 정말 견식이 좁은 사람이다.

例 2 老天爷**有眼不识泰山**，故意跟蔡姆成他们作对，放岩泥后久不下雨，社员们就用抽水机抽岩洞的水出来救，可也没有见效，玉米苗一天天枯黄卷叶起来。

하느님은 **눈은 있으나 태산을 알아보지 못하고**, 일부러 채모성에게 대항하였다. 직원들은 암석과 진흙을 놓은 후 오랫동안 비가 오지 않자, 양수기로 암석동굴 안에 물을 뽑아 쓰려 했지만 효과를 보지 못하였다. 옥수수의 새싹들은 나날이 시들어 누렇게 변해가고 있었다.

보충

1. 속담 "비록 눈은 있으나 태산을 알아보지 못한다."의 태산은 산동지방에 있는 태산을 말하는 것이 아니라 이 짧은 이야기에서 나온 태산을 말한다.

목수가 조상인 할아버지는 노반이라고 불리었다. 수공예 솜씨가 정교하고 아주 뛰어났다. 전설에 따르면 그는 나무로 새를 만들어 3일 밤낮을 하늘을 날며 내려오지 않았다고 한다. 그런데 이렇게 훌륭한 사람도 제대로 보지 못할 때가 있었다. 노반은 높은 명성과 명예를 지키기 위해 항상 많은 제자들을 모집했다. 그는 제자를 모집 후 기간을 정해놓고 자세히 관찰하며 뽑아서 일부의 사람만 제자로 받아들였는데, 그중 태산이라는 사람이 있었다. 그는 둔해 보였고, 수공예 솜씨가 별로 늘지 않아 노반은 그를 탈락시켜 떠나게 했다. 몇 년 후, 노반은 거리를 한가로이 거닐다가 문득 정교하고 아름답게 만들어진 많은 가구들을 발견하게 되었다.

이 가구들은 매우 훌륭하게 만들어져서 사람들에게 인기가 많다는 것도 알게 되었다. 노반은 이렇게 대단한 사람이 누군지 알고 싶었는데, 누군가 옆에서 "그 사람은 바로 너의 제자 태산이다."라고 말했다. 그제서야 노반은 나도 모르게 "나는 정말 눈이 있어도 태산을 몰라봤구나!"라고 하였다.

2. "비록 눈이 있어도 태산을 알아보지 못한다.有眼不识泰山"와 비슷한 성어로 "눈은 있지만 진주가 없다.有眼无珠"라는 말이 있다. 그러나 두 가지 성어에는 약간의 차이가 있다.

1. 俗话"有眼不识泰山"中的泰山可不是山东的那个泰山，这里还有一段小故事。

木匠的祖师爷是鲁班，手艺巧夺天工，非常高明。传说他曾用木头做成飞鸟，在天上飞三天三夜都不下来。可就是这样一位高人，也有看走眼的时候。鲁班招了很多徒弟，为了维护班门的声誉，他定期会考察淘汰一些人，其中有个叫泰山的，看上去笨笨的，来了一段时间，手艺也没有什么长进，于是鲁班将他扫地出门。几年以后，鲁班在街上闲逛，忽然发现许多做工精良的家具，做得惟妙惟肖，很受人们欢迎。鲁班想这人是谁啊，这么厉害，有人在一旁告诉他："就是你的徒弟泰山啊。"鲁班不由感慨地说："我真是有眼不识泰山啊！"

2. 成语"有眼不识泰山"，与它相近的成语有有眼无珠，但两者的用法有差别。

第五章 植物名称

식물

草根

cǎo gēn

한자풀이

草 : 풀 초　根 : 뿌리 근

뜻풀이

초근, 초근는 영어로 된 grass roots에서 직역된 것이다. 이것은 두 가지 의미가 내포되어 있다. 하나는 비정부기구NGO, 비정부민간단체를 뜻하고, '초근계층草根阶层'이라고도 한다. 어떤 학자들은 '초근인민단체'라고도 하여 초근문화는 곧 평민의 문화, 대중의 문화 등으로 해석되기도 한다. 그러나 실제로 여러 문장 안에 해석되어 있는 '초근문화草根文化'의 함축적 의미는 이보다 훨씬 풍부하고 추상적인 의미가 많다. 또 다른 의미는 주류나 엘리트 문화, 엘리트 계층에 반대되는 세력인 취약 계층을 의미하기도 한다.

사진출처 : 百度图片

예문

例1 **草根**饭局的核心在于饭，精英饭局的核心在于局，名人饭局的核心在于名人。

일반적인 연회의 핵심은 밥에 있고, 엘리트층 연회의 핵심은 국에 있으며, 유명인 회식의 핵심은 유명인에게 있다.

例2 一个是"着名的失败者"，一个是"颠覆传统的**草根**创业者"。史玉柱说话，别人说他是骗子；马云说话，人家以为他是疯子。历数中国企业家，史玉柱和马云都属异类。

하나는 '유명한 패배자'이고, 하나는 '전통을 뒤집는 **초근** 창업'이다. 사옥주가 말을 하면 남들은 그를 거짓말쟁이라고 하고, 마윈이 말을 하면 사람들이 그를 미치광이로 여긴다. 중국의 기업가들을 나열할 때 사옥주와 마윈은 다른 분류에 속한다.

보충

육곡손이 저술한 《영한대사전》은 grass root를 하나의 단어로 수록하였는데, 의미는 다음과 같다.

1. 군중의, 하층민
2. 시골지역의
3. 기초의, 근본의

사회학자이면서 민속학자인 애군은 '초근 문화'를 일종의 일정 기간 동안 특수한 집단단체에 속한 것을 말하며, 생활 중 형성된 일종의 특수한 문화현상이라고 했다. 그것은 실질적으로 부수적인 문화로 아시아 문화현상의 일종이라고도 했다.

이는 평민문화의 특징을 가지고 있으며, 특정 규율과 표준이 없이 순환되는 사회현상을 말한다. 또 언제든지 변화할 수 있는 문화현상이다. 그것은 아문화, 상류문화, 궁전문화, 전통문화와는 다르다.

陆谷孙主编的《英汉大辞典》把 grass roots单列为一个词条，释义是：

1. 群众的，基层的；

2. 乡村地区的；

3. 基础的；根本的。

社会学家、民俗学家艾君认为“草根文化”，属于一种在一定时期内由一些特殊的群体、在生活中形成的一种特殊的文化潮流现象，它实际是一种“副文化、亚文化”现象。它具有平民文化的特质，属于一种没有特定规律和标准可循的社会文化现象，是一种动态的、可变的文化现象，它有区别于阳春白雪的雅文化、上流文化、宫廷文化以及传统文化。

交际花
jiāo jì huā

한자풀이

交 : 사귈 교　**际** : 때 제　**花** : 꽃 화

사진출처 : 百度图片

뜻풀이

사교화. 옛날 사교 장소에서 활동적이고 유명한 여자를 일컫는 말이다.(경멸의 의미가 내포되어 있음.)

예문

例 1 现在为了成为女诗人，她却成天读起莎士比亚来啦。而且成了学校的**交际花**。
요즘 여류시인이 되기 위해서, 그녀는 하루 만에 셰익스피어를 모두 읽었다. 게다가 학교에서는 **사교계의 꽃**이 되었다.

例 2 她们都是名噪一时的高级**交际花**，过着极度奢华、糜烂的生活。
한 때 그녀들은 세상에 이름을 널리 알리는 수준 있는 **사교계의 꽃**이었으며, 몹시 사치스럽고 부패한 생활을 했다.

보충

1. 사교화는 주로 접대 및 유흥업소에서 일하는 여성으로 손님을 모시고 공연하는 것을 주로 한다. 사교화는 두 종류가 있는데 하나는 예술적

소양이 비교적 높은 예능을 팔아 생활하고 '몸을 팔지 않는' 혹은 몸을 '쉽게 팔지 않는' 수준이 있는 기생이다. 이를 예술 기녀라고도 했다. 또 다른 한 종류는 몸을 파는 것이 주를 이루지만, 등급과 비용을 많이 받고, 주로 상류사회의 손님을 접대하는 기녀로 보통 성매매 여성을 지칭하는 말로도 쓰인다. 현대인은 반어법으로 솜씨가 좋거나, 덕과 재능을 겸비한 여자라는 의미의 칭찬으로도 사용되고 있다.

비록 기생들은 문화 및 예술적 소양을 갖추고 있지만, 전 세계 전통사회의 다수가 그들을 낮은 계층으로 바라본다. 현대사회에서는 예술기생을 일종의 전통문화 예술로 여기고 있으며, 사회적 지위가 이전에 비해 비교적 크게 높아졌고, 전통예술이라 여기고 문화계승자로 생각한다.

인터넷상에서 사교화는 교제능력이 좋다라는 의미로 파생되어 쓰인다.

2. 남당북륙

구름같이 모여든 미녀, 1920~30년대의 옛 상해上海를 유난히 향기롭고 아름답게 만든다는 의미이다.

60년 전 상해의 팔라마운트는 '원동제일악부'로 불렸다. 환상적인 불빛, 장미꽃 그림의 바닥, 로맨틱한 재즈 음악, 마치 거울같이 매끈매끈하고 탄력있던 무도장은 마치 상하이의 화려함과 럭셔리함을 말해주는 듯하다. 아름다운 한 여인이 이곳에 자주 찾아와 춤을 추고, 한가로이 시간을 보냈는데 바로 당영唐瑛이다. 당시 사교장에서 가장 잘 나가는 그녀는 육소만陆小曼과 함께 '남당북륙'으로 불렸다.

그러나 육소만 시인은 서지모徐志摩로 알려져 있었고, 반면 당영의 아름다운 모습은 점점 세상 풍파에 묻히기 시작했다. 이러한 결과의 주요한 원인은 당영이 매우 아름다웠지만, 결혼을 하지 않았기 때문이라고 전해진다. 하지만 '사교화'란 이름만 놓고 본다면 애초부터 당영이 육소만보다 지명도가 훨씬 높았다는 사실은 명실상부하다.

옛날 상해탄上海滩 생활을 소재로 한 소설이나 영화는 유행을 대표했다. 이러한 작품에서 사교화라는 캐릭터는 빠질 수 없는 것이었다. 그들은 예쁘고 사교적이며 돈 많은 남자들 사이를 맴돌면서 남자들에게 의지하며, 물질적으로 매우 풍족하게 생활하며 살았다.

1. 交际花是一种以提供陪伴及娱乐为主的行业，是以奉客、表演为主。交际花可分为两类，一类是具有较高的艺术素养，“卖艺”不“卖身”或不轻易“卖身”的高级娼妓，又称艺妓。另一类则是以卖身为主，但档次和收费较高，专接待上层社会客人的妓女，也用作指一般女性性工作者的委婉语。现代人是贬词褒用，用来形容有手段且妩媚，也可以说是德才兼营的女子。

虽然艺妓具备文化及艺术素养，但在世界上多数传统社会被视为低等阶层。现代社会中的传统艺妓，如日本的艺妓、朝鲜半岛的妓生等已经式微，被视为一种传统文化艺术，社会地位较古代大大提高，被视为传统技艺、文化的继承者。

现代网络社会的情况下，交际花衍生出交际能力好的意思。

2. 南唐北陆

陆小曼

云集的美女，让上世纪二三十年代的旧上海显得分外的香艳。

六十年前的上海百乐门舞厅(Paramount)，号称“远东第一乐府”。梦幻般的灯光，玫瑰花图案的地板，浪漫的爵士音乐，光滑如镜的弹性舞池，仿佛都述说着上海的绚丽与奢华。有一个曼妙女子时常来此跳舞、消闲、挥洒青春，她就是唐瑛。当时，在交际场上风头最足的她与陆小曼被并称为“南唐北陆”。

但陆小曼因诗人徐志摩而被人熟知，而唐瑛的面目渐渐隐匿于浮世风霜。造成这种结果的一个重要的原因是因为唐瑛虽美，但毕竟没有轰动性太强的婚姻史。

不过，单单从“交际花”这个名称来说，当初的她究竟比陆小曼要“称职”得多，也“名副其实”得多。

以昔日上海滩生活为题材的小说或影视作品成为时尚，在这些作品中，“交际花”是不可缺少的主要角色之一。她们既长得美艳又善于交际，常年周旋于一些有钱男人之间，依靠这些男人供养，物质生活十分优裕。

攀高枝

pān gāo zhī

한자풀이

攀 : 더위잡을 반　**高** : 높을 고　**枝** : 가지 지

뜻풀이

높은 자리를 바라다. 사회적 지위가 자기보다 높은 사람과 친구가 되거나 친척이 된다는 뜻이다.

구체적인 의미는 다음과 같다.

1. 자기보다 사회적 지위가 높은 사람과 친구가 되거나 친척이 되는 것.
2. 높은 자리에 오르거나 더 나은 직업, 직장을 선택하는 것 등.

사진출처 : 百度图片

예문

例 1 事例她虚荣心强，好**攀高枝**。

사례에서 볼 수 있듯이 그녀는 허영심이 강하여 **높은 지위에 오르기 좋아한다.**

例 2 究竟哪个有这心思，想离了二姐儿这里，**去攀高枝**，也不需我多说，总会有人看得到。

도대체 어느 누가 이런 생각을 하여 둘째 누나 곁을 떠나 높은 지위에 오르려 하는지, 내가 더 말할 필요도 없이 누군가 다 보게 될 것이다.

墙头草
qiáng tóu cǎo

한자풀이

墙 : 담 장　**头** : 머리 두　**草** : 풀 초

뜻풀이

담 꼭대기에 난 풀. 주관이 없는 사람 또는 입장이 확고하지 못한 사람, 기회주의자를 비유한다.

사진출처 : 百度图片

출전

마지 《적후무공대》 제23장에서는 "한 사람이 나라를 위해 죽어도 굴복하지 않는다. 주관이 없는 사람이 되지 말아라."라고 하였다.

모응풍 《장군음》 제26장에서는"너희 젊은이들은 모두 주관이 없으니, 바람이 불어오면 양쪽으로 넘어진다."라고 하였다.

冯志《敌后武工队》第23章："一个人为国家要宁折不弯，别做墙头草。"

莫应丰《将军吟》第26章："你们这些年轻人，都是墙头草，风吹两边倒的。"

예문

例 1 政客们都是见风使舵的**墙头草**。

정계인들은 모두 기회주의적 태도를 취하는 **주관이 없는 사람**이다.

例 2 舍友就像**墙头草**一样，哪边好那边倒。

룸메이트는 마치 **주관이 없는 사람** 같다. 어디가 좋다 하면 그쪽으로 바꾼다.

보충

담 꼭대기에 난 풀은 1~2년 정도 살고, 높이가 30~100cm이다. 줄기는 곧게 서고 윗부분에는 가지를 두며, 매 그루 꼬불거리고 짧고 딱딱한 잎이 있다. 기생엽은 긴 원이나 넓은 난형이며, 길이 4~17cm, 넓이 1.5~4cm이다. 가장자리에 굵은 뿌리가 있고, 기부가 점점 좁아 날개가 생기는 잎꼭지이다. 중부와 상부 잎은 비교적 작고, 긴 원 모양의 피침형 또는 피복형이다. 길이 1~9cm, 넓이 0.2~2cm정도에 가장자리에 불규칙한 치열이 있다. 짧은 잎자루를 가지고 있거나 없는 것도 있다. 가장 윗부분의 잎은 보통 막대형이고, 입이 넓적하고, 속눈썹을 가지고 있다. 두상화서는 우산집 모양 또는 원뿔모양을 하고 있다. 전반적으로 꽃봉우리는 반구형, 꽃잎은 3층, 혁질, 촘촘히 자란 직절모, 설상화 2층 흰색 또는 하늘색, 설편조표(관상 두 개의 성과 노란색)이 있다.

墙头草一年生或两所生草本，高30-100cm。茎直立，上部有分枝，全株被上曲的短硬毛。基生叶长圆形或宽卵形，长4-17cm，宽1.5-4cm，边缘有粗齿，基部渐狭成具翅的叶柄；中部和上部叶较小，长圆状披针形或披针形，长1-9cm，宽0.2-2cm，边缘有不规则的齿裂，具短叶柄或无叶柄；最上部的叶通常条形，全缘，具睫毛。头状花序排成伞房状或圆锥状；总苞半球形；总苞片3层，革质，密被长的直节毛；舌状花2层，白色或淡蓝色，舌片条表；两性花筒状，黄色。

敲竹杠

qiāo zhú gàng

한자풀이

敲 : 두드릴 고　竹 : 대 죽　杠 : 외나무다리 강

뜻풀이

타인의 약점을 이용하여 높은 가격으로 바가지를 씌우거나 재물을 뜯어내는 것을 가리키며, 다른 사람의 약점을 이용하거나 어떤 일을 구실로 하여 협박하고 거짓말한다는 의미로 쓰인다.

사진출처 : 百度图片

역사유래

청나라 말기, 아편 밀수가 매우 심하였고, 밀수꾼들이 검문 검색을 피하기 위해 온갖 궁리를 다하여 아편을 감추었다. 수상 밀수업자는 마약을 대나무로 만든 배의 삿대에 몰래 숨겨 배를 타고 수로에서 각 땅으로 운반했다. 어느 날 절강성浙江省 소흥绍兴 부두로 상선 한 척이 사관을 태우고 배에 올라 검사하고, 선실 구석구석을 뒤졌지만 아편은 발견되지 않았다. 그러자 한 형사 담당 막료가 연통을 흡입하며, 전혀 아랑곳 하지 않고 배 끝으로 다가가서 배를 젓는 대나무에 손을 대고 담뱃재를 털었다. 툭툭 친 대나무에서 뚜우뚜우 소리가 났고, 다른 사람들은 아무도 반응을 보이지 않았지만, 선장은 놀라서 안색이 크게 변하였다. 선장은 형사 담당 막료가 이미 비밀을 간파한 것으로 생각하고 황급히 막료를 뒷자리로 모시고 은을 꺼내 몰래 그에게 건네주었다. 그에게 한 번만 봐달라고 부탁하며, 다시는 대나무를 치지 말라고 했다. 막료는 은을 받고는 아무 말도 하지 않고, 밀수꾼 배에서 내렸다. 이후 "남의 약점을 이용하여 바가지를 씌우거나 재물을 뜯어낸다."는 말은 곧 재물을 뜯어낸다는 뜻의 대명사가 되어 지금까지 계속 그대로 사용되고 있다.

清朝末年，鸦片走私十分严重，走私贩子为躲避关卡检查，挖空心思藏匿鸦片。水上走私的贩子把毒品密藏在竹制的船篙里，随船从水路运往各地。一天，一艘商船驶至浙江绍兴码头，缉私官带人上船检查，查遍了船舱的每个角落也没发现鸦片。这时，一个师爷吸着长烟筒，漫不经心地走到船艄，信手在撑船的竹篙上敲烟灰，敲得竹篙"嘟嘟"直响，别人没有反应，船主却吓得面色大变，知道师爷已看透了秘密，慌忙把这位师爷请到后舱，掏出大把的银子悄悄塞给他，请他关照，不要再敲竹篙了。师爷得到银子便没说什么，随缉私人员下船去了。此后，"敲竹杠"便成了讹诈财物的代名词，并一直沿用下来。

青梅竹马
qīng méi zhú mǎ

한자풀이

青 : 푸를 청 **梅** : 매화 매 **竹** : 대 죽 **马** : 말 마

뜻풀이

청매죽마青梅竹马는 죽마고우와 좀 다른 의미이다. 남녀 간의 친구관계를 말하며, 남녀가 모두 어릴 때 천진무구하게 허물없이 어울리는 상황을 설명한 것이다.

사진출처 : 百度图片

출전

당나라 이백의《장간행》중 일부분이다. "낭은 죽마를 타고 와서 침대를 돌면서 뛰어논다. 장간 안에서 같이 살면서, 남녀의 어린아이가 천진난만하게 하물 없이 어울린다."

1. 구양여천欧阳予倩《공작동남비孔雀东南飞》제4회에서, "나와 당신은

어릴 때부터 서로 사랑하고, 청매죽마처럼 천진난만하게 허물없이 어울렸다."라고 하였고 위고魏巍《동방东方》 제1부 9장에서는 "그 소년 시절의 청매죽마가 그의 마음에 얼마나 잊지 못할 추억을 남겼는가!"라고 하였다.

2. 어릴 때부터 친하게 놀면서 함께 자란 젊은 남녀를 일컫는 말. 고화古华《부용진芙蓉镇》 제1장에서, "한 쌍의 청매죽마가 마주보고 암반에 서 있다."라고 표현하였다.

李白《长干行》之一："郎骑竹马来，绕床弄青梅。同居长干里，两小无嫌猜。"

1. 欧阳予倩《孔雀东南飞》第四场："我与你自幼本相爱，青梅竹马两无猜。" 魏巍《东方》第一部第九章："那少年时的青梅竹马在他的心灵里留下了多少难忘的记忆呵！"

2. 借指自幼亲密玩耍且陪伴长大的青年男女。古华《芙蓉镇》第一章："一对青梅竹马，面对面地站在一块岩坂上。"

예문

例 1 他们以前是**青梅竹马**，现在是终身的伴侣。

그들은 이전에는 **청매죽마**였으나, 현재는 평생의 동반자이다.

例 2 小王和小李是从小一起长大的好朋友，**青梅竹马**，两小无猜，感情一直很好。

소왕과 소이는 어렸을 때부터 좋은 친구로 같이 자랐으며, **청매죽마**로, 어린 시절부터 천진난만하게 허물없이 어울리다보니 서로에 대한 감정이 여전히 좋다.

역사유래

당나라 시의 대가인 이백이 한 여자를 묘사한 오언고시의《장간행》이다. 남편을 생각하는 마음이 간절하여 원래 살았던 땅 장간(지금의 남경 중화문 밖)에서 수백 리 먼 길을 걸어가서 장풍사에 도착하여 남편을 맞이한다. 시의 첫머리는 "낭은 죽마를 타고 와서 침대를 돌면서 푸른 매실도 만지고, 장간에서 함께 지내며 남녀 어린 아이들이 천진난만하게 하물없이 어울린다."며 어릴 적부터 사이좋게 놀았던 추억들을 적었다. 나중에 '청매죽마'는 천진하고 순결한 감정이 돈독함을 나타냈다.

어린 시절부터 함께 자라온 남녀를 후대 사람들은 청매죽마라고 불렀으며, 특히 나중에 커서 연애나 결혼을 하는 사람을 가리켰다. 어릴 때부터 함께 자란 동성 친구는 '죽마고우'라고 부른다.

唐代大诗人李白有一首五言古诗《长干行》描写一位女子，思夫心切，愿从住地长干(今南京中华门外)跋涉数百里远路，到长风沙迎接丈夫。诗的开头回忆他们从小在一起亲昵的嬉戏："郎骑竹马来，绕床弄青梅，同居长干里，两小无嫌猜。"后来，用"青梅竹马"和"两小无猜"来表明天真、纯洁的感情长远深厚，也可以把"青梅竹马、两小无猜"放在一起使用，意思不变。后人以青梅竹马称呼自幼一直陪伴长大的男女，尤其指之后长大后恋爱或结婚的人，至于从小相伴一起长大的同性朋友则称为"总角之交"。

桃花运
táo huā yùn

한자풀이

桃 : 복숭아 도　花 : 꽃 화　运 : 옮길 운

뜻풀이

애정운이 좋은 때를 의미하며, 이성에게 인기가 많은 경우를 나타낸다.

사진출처 : 百度图片

역사유래

도화운은 역사 속 장하长河 왕조시기에 여자의 음탕한 행위로 알려져 있지만, 《시경诗经》에 나온 시 속에는 "복숭아꽃은 노하여 천만 송이를 띄우고, 색채는 불처럼 선명하다."라고 하여 여자들이 출가 할 때의 아름다운 정경을 묘사하고 있다. 또 《주역周易》에서는 '자오묘유子午卯酉(십이지十二支의 자와 오)'가 십이지간 중 대표로 '정남, 정북, 정동, 정서'의 네 방향을 대표하는 것으로 "4개가 서로 교류한다."에서 복숭아꽃이 만발한다고 했다. 그러므로 감정을 얻는 것이 가장 좋다고 생각하여 사람들은 사랑, 연애의 뜻으로 '도화운'이라고 표현하였다. 이 단어는 자미두수紫薇斗数에서 유래했다는 말도 있다.

桃花运，在历史长河中曾有朝代认为是女子涉淫行为，但是《诗经》中有一首诗"桃之夭夭，灼灼其华"，描写的却是女子出嫁时的美好情景。又有《周易》里"子午卯酉"是地支中代表"正南，正北，正东，正西"四个方向的，当"四象交会"桃花会盛开，此时求感情最好，因此人们把爱情称作"桃花运"。也有一说"桃花运"一词源自于紫薇斗数。

예문

例 1 他新近交了**桃花运**，不再形只影单了。

그는 최근 **연애**를 시작해서 더 이상 혼자가 아니게 되었다.

例 2 这位女生**桃花运**好到连自己的牙医也在追她。

이 여학생은 **연애운**이 너무 좋다. 자신의 치과 의사마저 그녀를 쫓아다닌다.

兔子不吃窝边草
tù zi bù chī wō biān cǎo

한자풀이

兔: 토끼 토 **子**: 아들 자 **不**: 아닐 부 **吃**: 먹다 흘 **窝**: 움집 와
边: 가 변 **草**: 풀 초

뜻풀이

사진출처 : 百度图片

자신과 가까운 사람의 이익을 해치지 않는다. 표면적인 의미는 토끼가 자신의 둥지 옆에 있는 풀은 먹지 않는다는 의미이다. 그러나 사람들은 이 속담을 '이웃과 잘 지내다'는 뜻으로 인용하여 사용한다. 집 앞에서 나쁜 짓을 하지 말라는 의미가 있고, 나쁜 사람들도 자신의 지역에서는 나쁜 짓을 하지 않는 것을 비유하기도 한다.

지금은 "가까운 사람은 건들지 않는다."는 뜻으로 많이 쓰이며, 특히 남녀 관계에 주로 쓰고, 주변에 가까운 사람(학교친구, 이웃, 죽마고우 등)과는 연애를 하지 않는다는 것을 가리킨다.

출전

고양高阳의 《호설암전전胡雪岩全传 · 평보청운平步青云》 상권(上册)에서

“토끼는 자신의 둥지 옆에 풀은 먹지 않는다.”라고 했으니 너는 걱정할 것 없다. 만약에 그런 마음이 있다면, 나도 너한테 이렇게 첫 번째로 와서 말해주지 않았을 것이다.

高阳《胡雪岩全传·平步青云》上册：“你放心，‘兔子不吃窝边草’，要有这个心思，我也不会第一个就来告诉你。”

예문

例 1 知道为啥到现在我都单身么？因为有句话叫**兔子不吃窝边草**，不是因为我是兔子，而是因为我是草。
왜 지금까지 나 혼자인 줄 알아? 왜냐하면 **토끼는 자신의 둥지에 있는 풀을 먹지 않는다**는 말이 있는데, 나는 토끼가 아니라 둥지 주변의 풀이기 때문이야.

例 2 俗话说“**兔子不吃窝边草**”可俗话又说“近水楼台先得月。”当爱情来临时，要勇敢去把握，紧紧抓住才是最重要！
“**토끼는 자신의 둥지 주변의 풀을 먹지 않는다.**”라는 속담이 있지만, 또 다른 속담에는 “가까운 위치나 관계의 사람이 더 먼저 기회를 얻는다.”는 말이 있다. 사랑이 다가오면 바로 용감하게 꽉 잡는 것이 가장 중요하다는 뜻이다.

摇钱树

yáo qián shù

한자풀이

摇 : 흔들 요　**钱** : 돈 전　**树** : 나무 수

뜻풀이

돈이 되는 나무. 원래 신화 속의 보물 나무를 가리키며, 이 나무는 흔들면 많은 돈이 떨어졌다. 끊임없이 돈을 얻는 사람이나 물건을 비유한 말이다. 폄하하는 의미를 포함하고 있으며 장난조와 해학의 의미로도 쓰인다. "돈줄로 여기다", "돈 떨어지는 나무인 줄 안다", "돈나무", "~을 돈 떨어지는 나무로 봐서는 안 된다" 등으로 사용할 수 있다.

사진출처 : 百度图片

예문

例 1 A : 那家人挺有钱的，既然他那么喜欢你，你就答应嫁给他吧！

A : 그 가족은 매우 부자이다. 그렇게 부자인 그가 너를 많이 좋아하니, 너도 바로 시집가겠다고 대답해라!

B：你们可别把我当成**摇钱树**，我死也不会嫁给那个老头儿的！

B：너희는 **나를 돈줄로 여기지 마라**. 나는 죽어도 그 늙은이한테 시집가지 않을 거다!

例 2 A：当地旅游部门对这座古寺重新修建，进行二次开发，想把这儿变成**摇钱树**。

A：현지 지역 관광부서는 이 오래된 사원을 다시 리모델링하고, 2차 개발을 진행할 것이다. 이곳을 **돈줄기**로 만들고 싶어 한다.

B：可是他们过多的开发会破坏寺庙原有的风貌。

B：하지만 그들의 무리한 개발은 사원의 본래 모습을 망칠 수 있다.

보충

1. 돈나무金钱树

설철우Zamioculcas zamifolia Engl., 일명 돈나무. 다년생 사계절 푸른 초본식물이다. 매우 보기 드문 땅 안에 둥근꼴 줄기를 가진 관엽식물이다. 땅 윗부분은 줄기가 없고, 새싹이 줄기에서부터 트여 대형 복엽을 형성하는 것인지는 확실하지 않다. 작은 잎은 짧은 잎자루로 단단하고 짙은 녹색을 띠며, 지하 부분은 비대한 덩어리 줄기이다. 우상복엽(깃모양겹잎)은 덩어리 줄기의 꼭대기에서 돋아나고, 잎의 축면이 크고, 작은 잎은 잎의 축에서 대생 또는 근대생을 나타난다. 꽃봉오리는 초록색이고, 선형이며 육수화서(꽃대가 굵고, 꽃대 주위에 꽃자루가 없는 작은 꽃들이 사는 화서)가 비교적 짧다.

2. 보물단지

전설에 의하면 금은보석으로 가득 차 있고 그것을 아무리 써도 없어지지 않는 큰 단지를 뜻하며, 자원이 풍부한 곳을 비유하기도 한다. 예를 들어, “이 지역은 하나의 보물단지라 할 수 있고 매우 풍부한 광산자원을 가지고 있습니다. 그러므로 우리는 이 보물단지를 잘 활용해서 제 역할을 발휘할 수 있도록 해야 합니다.”

1. 金钱树

雪铁芋(学名：*Zamioculcas zamiifolia* Engl.)，又名为金钱树。是多年生常绿草本植物，是极为少见的带地下块茎的观叶植物。地上部无主茎，不定芽从块茎萌发形成大型复叶，小叶肉质具短小叶柄，坚挺浓绿；地下部分为肥大的块茎。羽状复叶自块茎顶端抽生，叶轴面壮，小叶在叶轴上呈对生或近对生。佛焰花苞绿色，船形，肉穗花序较短。

2. 聚宝盆

“聚宝盆”，传说中装满金银珠宝而且取之不尽的盆，比喻资源丰富的地方。如：我们这个地区可是一个聚宝盆，有丰富的矿产资源。/ 我们要好好利用这个聚宝盆，让它发挥应有的作用。

装蒜
zhuāng suàn

한자풀이

装 : 꾸밀 장 蒜 : 마늘 산

뜻풀이

모르는 체하다. 어리석은 체하며 허세를 부리는 것을 가리킨다. 주로 회화에서 사용되며 진실을 감추려고 애쓰는 마음을 '시치미 떼기装蒜' 라고 한다. 어떤 사람들은 시치미를 떼는 것을 하나의 기술로 여기기도 한다.

사진출처 : 百度图片

역사유래

'모르는 체하다'의 유래는 청清 건륭제乾隆帝가 어느 해 봄에 남쪽의 어떤 장소를 순찰하던 중 바닥에 풋마늘이 푸르고 싱싱하고 가지런히 자란 것을 보고 바로 칭찬했다. 이듬해 겨울에 또 그곳으로 순찰을 나갔고, 안타깝게도 겨울에는 풋마늘이 자라나지 못했다.

황제에게 잘 보이기 위해 현지의 관리가 많은 수선화들을 그곳에 심어 놓았다. 멀리서 바라보니 그 잎은 풋마늘 잎과 닮아있었다. 건륭황제는 이것을 보고 역시나 칭찬을 하였고 이 관리는 출세할 수 있었다. 그 이후로 사람들은 속임수를 쓰거나 모르면서 아는 척하는 것을 풍자하여 '장산装蒜'이라고 하게 되었다.

"装蒜"的由来相传清朝乾隆皇帝一年春天到南方某地巡查，看到地里一片青蒜长得，齐整整，便顺口称赞了一番，翌年冬又去巡查，可惜这一季节青蒜尚未长出。为了讨好皇帝，当地官吏差人把许多水仙移植到一起，远远望去其叶子酷似青蒜，乾隆看后果然赞不绝口，这位官吏也因此得以升迁。打这以后，人们就把弄虚作假或不懂装懂嘲讽为"装蒜"了。

예문

例 1 你不要再**装蒜**了，这件事全学校都知道了，你还要瞒着我?

너 다시는 **모른 체** 할 필요 없다. 이 사건은 모든 학교가 알고 있는데, 너는 아직도 나를 속이려고 하니?

例 2 装睡的人你叫不醒，**装蒜**的人你看不穿。

자는 척하는 사람은 불러도 깨지 않고, **모르는** 척하는 사람은 보지도 입지도 않는다.

第六章 动物名称

동물

白脸儿狼
bái liǎn ér láng

한자풀이

白 : 흰 백　**脸** : 뺨 검　**狼** : 이리 랑

뜻풀이

흰 얼굴의 이리. 얼굴에 하얀 긴 털이 난 늑대. 배은망덕한 사람을 비유한다.

사진출처 : 百度图片

예문

例 1 我当初真是瞎了眼，没看出来他竟然是这么个**白脸狼**。

난 애당초 눈이 멀어서 그가 결국 이런 **흰 얼굴의 늑대인지** 눈치 채지 못했다.

例 2 A：你说咱那外孙子是不是个**白脸狼**，养他那么大，工作之后就没来看过咱们。

A：우리 외손자가 **배은망덕한 놈**인지 아닌지 너가 말해봐라. 이렇게까지 키워줬더니, 일 시작한 후에는 우리를 보러 오지도 않는다.

B：外甥就是外甥，养来养去还是别人家的人啊！

B：외손자는 외손자다. 아무리 길러도 역시 남의 집 사람이다!

제시

주로 무정한 사람을 가리킬 때 사용한다. 만약 노인이 외손자에게 배은망덕하다고 하면, 오히려 사랑어린 원망의 의미가 내포되어 있는 것이다.

白脸狼의 표현 방법 :

"这个白脸 / 眼狼" 이 흰 얼굴 / 눈먼 늑대

"真是个白脸 / 眼狼" 정말 하얀얼굴 / 눈먼 늑대

"养了个白脸 / 眼狼" 눈 먼 늑대를 길렀다 / 흰 얼굴

一般用于无情无义的人，含有贬义。如果老人对外孙称"白眼狼"，则在亲昵中含有责怪之意。可以说"这个白脸 / 眼狼"、"真是个白脸 / 眼狼"、"养了个白脸 / 眼狼"等。

보충

옛날 동곽 선생과 늑대이야기에서 어느 날 착한 동곽 선생은 책 한 보따리를 가지고 길을 나서다가 사냥꾼에게 쫓기는 늑대를 만났다. 늑대가

동곽 선생에게 구해달라고 부탁하자, 동곽 선생도 그 늑대가 무서웠지만, 또 너무 불쌍해 보여 책 주머니에 숨겨줬다. 사냥꾼이 쫓아와 동곽 선생에게 늑대를 보았는지 물었을 때, 동곽 선생은 못 봤다고 말했다. 사냥꾼이 지나간 후, 동곽 선생이 늑대를 책 주머니 속에서 꺼내주자 늑대는 배가 고프다며 동곽 선생을 잡아먹으려 했다. 동곽 선생은 화가 나고 너무 두려웠다. 마침 그 때 한 농부가 와서, 그들은 농부에게 시비를 가려달라고 부탁했다. 농부는 그들의 일을 듣고서는 믿겨지지 않는다며 늑대에게 다시 책 주머니 안으로 들어가 보라고 했다. 늑대가 막 들어가자, 그는 책 주머니를 단단히 묶고 늑대를 때려 죽였다. 마지막에 농부는 동곽 선생에게 나쁜 놈에게는 절대 인자仁慈함을 베풀면 안 된다고 훈계하였다.

东郭先生和狼从前，善良的姓东郭的先生带着一袋书出门，在路上遇到了一只被猎人追赶的狼。狼请求东郭先生救它，东郭先生很害怕，但是因为可怜它，就让它躲进书袋子里来。猎人追上来问东郭先生是否看见狼的时候，东郭先生说没有。等猎人走后，他把狼放了出来，结果狼却说它饿了，要把东郭先生吃掉。东郭先生既生气又害怕，正在这时，一个农夫过来了，他们就请农夫评评理。农夫听了他们的事情之后不信，就请狼再次钻进书袋子里去，狼刚钻进去，他就把书袋子的口扎紧并用锄头把狼打死了。最后他告诫东郭先生对坏蛋千万不能讲仁慈。

变色龙
bián sè lóng

한자풀이

变 : 변할 변 **色** : 빛 색 **龙** : 용 룡

뜻풀이

카멜레온(기회주의자). 카멜레온은 피부에 여러 가지 색이 있고, 피부의 색을 바꿀 수 있다. 환경에 적응을 잘하고 자신을 보호하는 것에 능숙하다. 위장을 잘하고 쉽게 변하는 사람을 비유할 때 사용한다.

사진출처 : 百度图片

예문

例 1 A : 他说他会支持我，投我一票的。

A : 그는 그가 나를 지지하고 나를 뽑아 줄 것이라고 말했다.

B : 他是一条**变色龙**，你绝不能轻信他的话。

B : 그는 카멜레온 같은 사람이야. 너는 절대로 그의 말을 믿어서는 안 돼.

例 2 A：他总是变来变去的，一会儿站在我们这一边，一会儿又站到对方一边。

A：그는 항상 변덕스러워서, 잠시 우리 편에 서 있다가도 또 바로 상대방 편에 서 있어.

B：我最讨厌他这样的**变色龙**了，立场一点儿也不坚定。

B：내가 제일 싫어하는 것은 그런 **카멜레온 같은 사람**이야. 자신의 입장을 확실히 정하지 못하잖아.

제시

환경에 따라 자기의 입장이 수시로 바뀌는 사람에게 쓰인다. 폄하의 의미가 포함되어있다.

变色龙의 표현 방법 :

"是 / 当 / 做变色龙" 카멜레온이다 / 카멜레온이 되다 / 카멜레온으로 변하다.

"变色龙的做法" 카멜레온이 되는 방법

"像变色龙似的" 카멜레온 같은

常用于根据环境随时改变自己立场的人。含有贬义。可以说"是 / 当 / 做变色龙"、"变色龙的做法"、"像变色龙似的"等。

보충

안톤 체호프Anton Chekhov(1860-1904, 러시아의 단편 소설가·극작가로 인물의 형상화에 뛰어났으며 유머러스하고 풍자적인 의미가 풍부하였음.) 19세기 러시아의 유명한 작가인 안톤 체호프가 《카멜레온》이라는 소설을 쓴 이후, 카멜레온은 정치적으로 변화와 위장에 능한 사람을 비유하는 말로 자주 쓰였다. 소설 속 주인공은 교활하고 자주 입장을 바꾸는 경찰관이다. 어느 날 그는 길에서 장신구의 장인을 만났고, 그의 오른손은 흰털이 난 작은 사냥개에 물렸다. 그 경찰관은 즉시 그 사냥개를 처형해야 한다고 강력하게 주장했으나, 그 옆 사람이 이 개는 어느 장군 집안의 개 같다고 하니, 갑자기 입장을 바꾸어 장신구 장인의 오른손은 작은 못에 의해 찢어진 것이라고 말했다. 그 후 장군의 집 요리사가 이 사냥개가 장군의 개가 아니라는 것을 증명하자, 그는 또 개를 죽이려고 했으나, 결국에는 장군 친형의 개라는 말을 듣고는 미소 가득한 얼굴로 요리사에게 그 사냥개를 데려가게 하였다.

契诃夫《变色龙》19纪俄国著名作家契诃夫以《变色龙》为题写了一篇小说后，"变色龙"就常用来比喻在政治上善于变化和伪装的人。小说中的主人公是个油滑善变的警官。一天，他在路上遇到了首饰匠，他的右手被一条白毛小猎狗给咬伤了，警官便主张立刻将它处死。可当他听旁边的人说这条狗好像是将军家的狗时，就又变脸说首饰匠的右手是被小钉子弄破的。等到将军家的厨师证明这不是将军家的狗时，他又要将狗弄死。可最后听说是将军哥哥家的狗时，他又满脸堆笑地让厨师将狗带走了。

翅膀硬了

chì bǎng yìng le

한자풀이

翅 : 날개 시 **膀** : 오줌통 방 **硬** : 굳을 경 **了** : 마칠 료

뜻풀이

날개가 굳어지다. 단단한 날개는 작은 새로부터 파생된 것인데, 일반적으로 막 부화한 작은 새의 날개는 너무 부드럽고 약해서 날 수 없고, 조금씩 성장 하면서 날개가 단단하게 굳어져 스스로 날 수 있게 된다. “날개가 단단하다”라는 뜻은 다른 단어와 함께 쓰이지 않으면 “스스로 독립할 수 있다.”라는 의미로 쓰인다.

사진출처 : 百度图片

예문

例 1 小时候，总认为父母含辛茹苦的养育我是理所应当的，总跟父母又吵又闹；渐渐长大了，以为**翅膀硬了**，可以为所欲为就更加放肆。

어렸을 때 부모님의 온갖 고생을 하여 키워주신 것을 당연하게 여기고, 계속 부모님과 티격태격 다투고, 크면서 점점 **날개가 굳어지니**(머리가 크니), 제멋대로 하고 싶은 것들을 다 해도 되는 줄 안다.

例 2 我看你是**翅膀硬了**,今天我就让你看看你和我的差距到底有多大!
내가 봤을 때 너는 이미 **날개가 단단히 굳었다**. 나는 오늘 너와 나의 차이가 얼마나 큰 지 보여주려고 했다.

보충

새가 태어난 후 처음에는 스스로 날지 못하여 먹이를 찾지 못하고, 어미 새가 물어다주는 먹이에 의지해야한다. 그러다 천천히 날개가 자라나고 단단하게 굳어져서 날 수 있게 되면 스스로 먹이도 찾을 수 있어 자립할 수 있다. 사람으로 비유하면 처음에는 남에게 의지하며 살아가다가 점차 스스로 살아갈 능력이 생기는 것을 의미한다. 몰래 자신의 능력을 기른 후에 과거에 도움 준 사람의 은혜를 잊어버린다는 의미로도 사용된다.

小鸟起初不会飞翔，不能自己觅食，要靠父母给打食喂食。后来慢慢长出翅膀，翅膀硬了长好了，能飞了，就自己取食了，可以自立了。用来比喻人，就是开始得依靠别人，后来慢慢长了本事了。隐含着长了本事后，忘了过去帮助自己的人，有些忘恩、忘了过去的意思。

放鸽子
fàng gē zi

한자풀이

放 : 놓을 방　鸽 : 집비둘기 합　子 : 아들 자

뜻풀이

약속을 어기다. 원래는 약속을 지키지 않고 속인다는 뜻이다. 지금은 속이다, 약속을 어기다, 계약을 위반하다, 약속을 지키지 않는다는 의미로 많이 쓰인다.

사진출처 : 百度图片

예문

例 1 昨天和朋友约好一起吃饭，结果被**放鸽子**了。

어제 친구와 같이 밥 먹기로 약속했었는데 친구가 **약속을 지키지 않았다**.

例 2 这回你该怎么做才能保证你不会再被**放鸽子**呢？

이번에는 네가 어떻게 해야 **약속을 지킨다고** 믿고 보장할 수 있을까?

역사유래

현재까지 전해져 내려오는 아래와 같은 여러 가지 이야기가 있다.

1. 옛 상해에서 유래한 복권은 속칭 "광동성에서 행해진 일종의 도박白鴿票)"으로 보통 한 번 가면 돌아오진 않는다.

2. 옛날 북경에서는 비둘기를 기르던 할아버지들의 '아픈 교훈'이 있었다. 비둘기가 한 번 밖에 나가면 늘 돌아오지 못했는데, 그 이유는 남의 집 비둘기를 (부당한 목적을 위해) 데리고 가는 사람이 항상 있기 때문이었다.

3. 옛날 사람들의 연락망은 모두 비둘기를 사용했다. 한 번은 두 사람이 약속한 그 시간이 되면 편지를 보내겠다고 약속했는데, 둘 중 한 명은 비둘기만 보내고 편지를 보내지 않았다. 다른 한 명이 왜 비둘기만 보내고서 약속을 안 지키냐고 하니, "비둘기만 날아왔다"고 했다.

相关的来历目前有以下几种说法：

1. 源于旧上海的彩票，俗称"白鴿票"，一般都有去无回。

2. 老北京养鴿子的爷们儿的"惨痛教训"，鴿子放出去就回不来，因为总有专门裹人家鴿子的人在那儿等着呢。

3. 古时候人们通信都是用鴿子来通信的，有一次两个人约定，到时候给我来信，但其中一人，只给放来鴿子没有写信，另一人就说，你怎么只放鴿子，不履行诺言，"放鴿子"就这样来了。

寄生虫
jì shēng chóng

한자풀이

寄 : 부칠 기 **生** : 날 생 **虫** : 벌레 충

뜻풀이

기생충. 한 생물체가 다른 생물의 체내 또는 체외에서 생활하며, 기생하여 생계를 유지하는 것을 의미한다. 일할 수 있는 능력이 있으면서도 일을 하지 않고 남에게 의지하여 살아가는 사람을 비유하기도 한다.

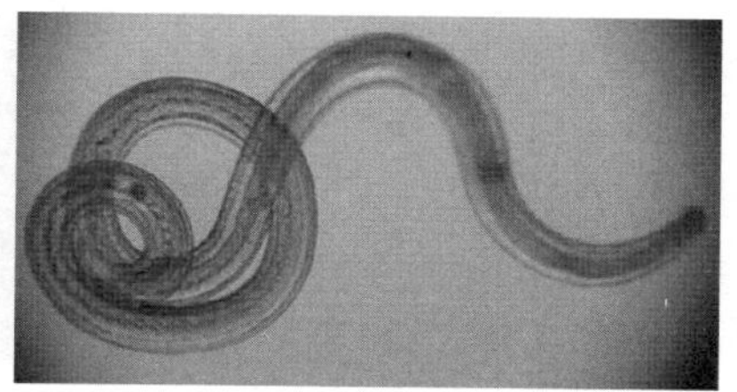

사진출처 : 百度图片

예문

例 1 A : 他脸皮可真够厚的, 住在我们家白住白吃, 简直就是个**寄生虫**。

A : 너 얼굴이 정말 두껍구나. 우리 집에 공짜로 먹고 살면서, 쉽게 말해 바로 네가 **기생충**이다.

B : 那你们为什么不赶他走 ?

B : 그럼 너희는 왜 그를 쫓아내지 않니?

例 2 A：你能不能出去找个工作？每天在家里白吃饭有什么出息？

A：당신 나가서 일자리를 구하면 안돼요? 매일 집에서 밥만 축내고 아무런 미래가 없어 보인다.

B：我也不想在家里当**寄生虫**啊，可是干什么能挣钱呢？

B：나도 집에서 **기생충**이 되고 싶지 않아. 하지만 내가 무슨 능력으로 돈을 벌 수 있겠어?

제시

폄하의 의미를 포함하고 있다.

寄生虫의 표현 방법：

"当 / 作 / 是" 기생충이 되다 / 기생충을 만들다 / 기생충이다.

"变成寄生虫" 기생충으로 변하다.

"寄生虫的生活" 기생충의 생활

"寄生虫似的" 기생충처럼

含有贬义。可以说"当 / 作 / 是 / 变成寄生虫"、"寄生虫的生活"、"寄生虫似的"等。

落汤鸡
luò tāng jī

한자풀이

落 : 떨어질 락 **汤** : 끓일 탕 **鸡** : 닭 계

뜻풀이

뜨거운 물에 빠진 닭(병아리). 온몸이 흠뻑 젖는 것을 비유하여 매우 난처한 상황을 의미한다.

사진출처 : 百度图片

예문

例 1 A : 你怎么感冒了 ?

A : 너 어떻게 감기 걸렸니?

B : 昨天下雨我没带雨伞, 被淋成了**落汤鸡**, 今天早上就这样了。

B : 어제 내가 우산을 안 가져와서 **물에 빠진 병아리**가 됐는데, 오늘 아침부터 감기가 걸렸어.

例 2 A：你看你这个样子，真像一只**落汤鸡**。

A：너 이 꼴 좀 봐, 정말 **물에 빠진 병아리** 꼴이야.

B：雨下得太突然了，也没找到躲雨的地方。

B：비가 갑자기 오는 바람에 숨을 장소를 못 찾았어.

제시

비에 젖은 모습을 형용할 때 흔히 쓰인다. 유머, 해학, 희롱의 뜻이 담겨 있다.

落汤鸡의 표현 방법 :

"淋成了落汤鸡" 물에 빠진 병아리.

"淋得和落汤鸡似的" 물에 빠진 병아리 꼴이다.

"落汤鸡一样" 물에 빠진 병아리와 같다.

"像只落汤鸡" 마치 물에 빠진 병아리 같다.

常用于形容被雨淋的样子。含幽默、诙谐、戏谑意。可以说"淋成了落汤鸡"、"淋得和落汤鸡似的 / 一样"、"像只落汤鸡"等。

孺子牛
rú zǐ niú

한자풀이

孺 : 젖먹이 유　子 : 아들 자　牛 : 소 우

뜻풀이

어린 아이를 위해 소 노릇하다는 말은 《좌전左传 · 애공 6년哀公六年》의 고사에서 나온 말로 부모가 자식을 지나치게 귀여워한다는 뜻이다. 후에 현대의 위대한 문학가 노신鲁迅의 《자조自嘲》에 나오는 "눈썹을 치켜세우고 손가락질을 하고, 머리를 숙이고 기꺼이 소가 되다."라는 유명한 구절이 "어린 아이를 위한 소 노릇"의 정신을 승화시켰고, 사람들은 "어린 아이를 위한 소"를 인민 대중을 위해 사심 없이 기꺼이 봉사하는 사람으로 비유하게 되었다.

역사유래

'어린 아이를 위해 소 노릇을 하다'는 《좌전左传 · 애공 6년哀公六年》의 고사에서 나온 것이다. 제경공齐景公에게는 도荼라는 서자庶子가 있는데, 제경공은 그를 매우 귀여워했다. 한 번은 제경공과 아들이 매우 재미있게 놀고 있었다. 제경공이 일국의 군주였지만 입에 줄을 물고 아들에게 질질 끌려가는 놀이를 했다. 아들이 실수로 넘어져 제경공의 이가 부러졌다. 제경공은 죽기 전에 이 서자를 국군国君으로 세우라는 유언을 남기고 죽었다. 제경공이 죽은 후에 진희자陈僖子는 집안에 정실 아들을 국군으로 세워야 한다고 했다. 제경공의 신하인 보목鲍牧은 진희자陈僖子에게 "당신은 서자를 위해 소놀이를 하다 이가 부러졌던 것을 잊었던가? 그것을 기억하고 군주의 유언을 따라야 한다!"라고 했다. 그래서 그때부터 "어린 아이를 위한 소 노릇"은 부모가 자식을 너무 귀여워한다는 뜻으로 사용되었다.

"孺子牛"是《左传·哀公六年》中记载的一个典故：齐景公有个庶子名叫荼，齐景公非常疼爱他。有一次齐景公和荼在一起嬉戏，齐景公作为一国之君竟然口里衔根绳子，让荼牵着走。不料，儿子不小心跌倒，把齐景公的牙齿拉折了。齐景公临死前遗命立荼为国君。景公死后，陈僖子要立公子阳生。齐景公的大臣鲍牧对陈僖子说："汝忘君之为孺子牛而折其齿乎？而背之也！"所以，那时"孺子牛"的原意是表示父母对子女的过分疼爱。

사진출처：百度图片

예문

例 1 他在老百姓面前是勤劳**孺子牛**，在战友面前是宽宏大度的好兄弟，在敌人面前是威风凛凛的战士，在父母面前是听话孝顺的好儿子。
그는 백성 앞에서는 **부지런한 소**, 전우 앞에서는 관대한 형제, 적 앞에서는 위풍당당한 전사, 부모 앞에서는 말 잘 듣고 효도하는 착한 아들이었다.

例 2 横眉冷对千夫指,俯首甘为**孺子牛**。

적에게는 결코 굴복하지 않고, 대중에게는 기꺼이 **소처럼 머리 숙여 명령에 복종한다.**

보충

노신(鲁迅)의 명언

현대 위대한 문학가인 노신은 “적에게는 결코 굴복하지 않고, 인민 대중에게는 기꺼이 소처럼 머리 숙여 명령에 복종한다.”라는 말을 남겼으며, 어린아이를 위한 소노릇의 정신孺子牛을 승화시키고 확장시켰다. 이후에 사람들은 “어린아이를 위한 소노릇孺子牛”은 인민대중을 위해 사심 없이 기꺼이 봉사하는 사람을 비유하는 의미로 사용되었다.

사진출처 : 凤凰网

자조

노신

나쁜 운을 준다고 내가 무엇을 할 수 있겠소,
몸을 뒤집을 엄두가 나지 않고,
머리가 깨져 피가 흐른다.
깨진 모자로 얼굴을 가리고 떠들썩한 장터를 가로질러 가는 것은,
새는 배로 술을 싣고 물 속으로 운전하는 것만큼이나 위험하다.

많은 사람들의 손가락질은 매서운 눈초리로 대하겠지만,
아이들을 위해서 머리 숙여 기꺼이 소가 되겠다.
바깥 환경이 어떻게 변해도,
자신의 지향점과 입장을 고수하는 것은 변하지 않는다.

鲁迅名句

现代伟大文学家鲁迅的"横眉冷对千夫指，俯首甘为孺子牛"名句使孺子牛的精神得到升华和拓展，而后人们用"孺子牛"来比喻心甘情愿为人民大众服务，无私奉献的人。

自嘲

鲁迅

运交华盖欲何求，未敢翻身已碰头。
破帽遮颜过闹市，漏船载酒泛中流。
横眉冷对千夫指，俯首甘为孺子牛。
躲进小楼成一统，管他冬夏与春秋。

纸老虎
zhǐ lǎo hǔ

한자풀이

纸 : 종이 지　**老** : 늙을 로　**虎** : 범 호

뜻풀이

종이호랑이. 이 단어는 밖은 강하지만 속이 텅 빈 사람을 비유한다. 모택동 주석이 자주 사용하여 중국 사람들의 집집마다 모두 알고 있는 단어이며 사용범위도 넓다. 따라서 자신이 대단한 능력은 없으면서 허세를 부려 사람을 위협하는 사람은 모두 종이호랑이라고 할 수 있다.

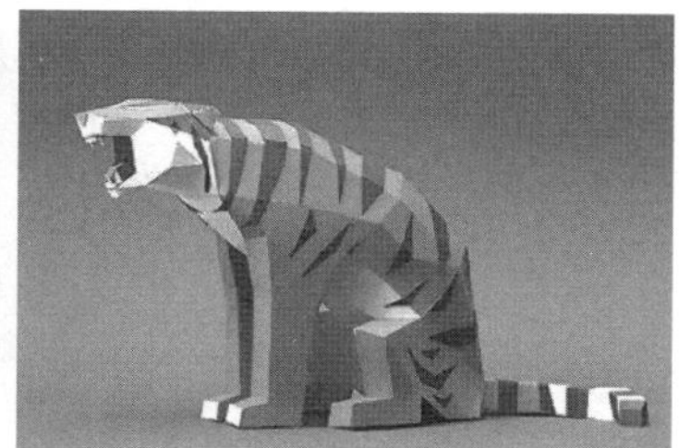

사진출처 : 百度图片

예문

例 1 这两个歹徒看上去很凶悍，其实都是“**纸老虎**”。
이 두 악당은 매우 사나워 보이지만 사실은 ‘종이 호랑이’이다.

例 2 超级大国貌似强大，其实不过是外强中干的**纸老虎**。

초강대국은 강해 보이지만 사실은 겉만 강하고 속은 마른 **종이호랑이**에 불과하다.

역사유래

종이호랑이의 유래에는 다른 설도 있다. 일반적으로 모택동이 먼저 사용한 것으로 알려져 있는데, 《신사신어사전》에 '종이호랑이'는 강해보이지만 실제로는 약한 반동 통치자와 침략자를 가리킨다. 모택동은 연안에서 안나루이스 스트롱과 이야기할 때 가장 먼저 사용했다. 나중에 'paper tiger(종이 호랑이)'는 영어 단어에 포함되었다.

关于"纸老虎"的来历有不同说法，一般认为是毛泽东同志首先使用，如《新词新语词典》"纸老虎"："指貌似强大，实则虚弱的反动统治者和侵略者。毛泽东在延安与安娜·路易丝·斯特朗谈话时最先使用这一词。后来paper tiger(纸老虎)一词也进入英语。

中山狼

zhōng shān láng

한자풀이

中 : 가운데 중　**山** : 산 산　**狼** : 이리 랑

뜻풀이

은혜를 원수로 갚는 사람. 중산늑대는 일반적으로 배은망덕하여 은혜를원수로 갚는 사람을 형용하는 말로 쓰인다.

역사유래

《중산늑대전中山狼传》은 명明나라 사람인 마중석马中锡이 쓴 우화이다. 작가는 춘추시대의 역사인물 조간자가 중산을 사냥하며 이야기를 풀어가는데, 중산늑대와 가상인물 동곽 선생의 이야기에서 시작된다. 동곽 선생은 묵가의 '겸애兼爱'를 신봉하여, 선악을 가리지 않았기에 추격당하는 중산늑대를 구해준다. 위기를 모면한 중산늑대는 늑대의 본성을 드러내 자신을 구해준 동곽 선생의 은혜를 저버리고 오히려 그를 잡아먹으려 했다.

사진출처 : 百度图片

이 우화는 우리에게 많은 것을 시사한다. 본성이 흉악한 적은 단호하게 거절해 없애고, 그들의 감언이설에 미혹되면 안 되며, 어떠한 환상이라도 가져서는 안 된다는 것이다. 만약에 동곽 선생과 같이 자비를 함부로 베풀면, 결국에는 도리어 자신에게 화를 초래하게 된다.

여기서 짚고 넘어가야 할 것은 '동곽 선생'이 '남곽 선생'과는 다르다는 점이다. 많은 사람들이 '동곽 선생'을 마음대로 '남곽 선생'으로 잘못 사용하고 있다.

《中山狼传》是明人马中锡写的一则寓言故事。作者巧借春秋时期的历史人物赵简子狩猎于中山展开故事，从而导引出中山狼和虚拟人物东郭先生。东郭先生信奉墨家的"兼爱"，所以面对中山狼的求救，他不分善恶，将它藏匿起来，躲过了赵简子的追杀。可是等危险过去，中山狼的本性便暴露出来，它不但不念东郭先生的救命之恩，反倒要吃了他。

这则寓言故事启示我们：对于本性凶恶的敌人，我们要坚决地消灭它们；不能被它们的花言巧语所迷惑，更不能抱有任何幻想。如果像东郭先生那样乱施慈悲，到头来反而为自己埋下祸患。

这里需要指出的是，"东郭先生"不同于"南郭先生"，不少人将"东郭先生"错误地用为滥竽充数的"南郭先生"了。

보충

명明 마중석马中锡의 소설 《중산늑대전中山狼传》에서 소재를 구했다. '중산늑대'라는 단어도 이 책에서 나온 것이다. 후에 조설근曹雪芹의 《홍루몽红楼梦》 중에서 가가贾家 둘째 아가씨의 봄맞이 결론에서도 볼 수 있다.

出自明代马中锡《东田文集》中的《中山狼传》，后又见于曹雪芹《红楼梦》中对贾家二小姐迎春的判词。"子系中山狼，得志便猖狂。金闺花柳质，一载赴黄粱。

钻牛角尖
zuān niú jiǎo jiān

한자풀이

钻 : 뚫을 찬　**牛** : 소 우　**角** : 뿔 각　**尖** : 뾰족할 첨

뜻풀이

견해나 생각의 방식이 좁다는 뜻으로도 쓰인다.(비하의 의미로 많이 쓰임.)

사진출처 : 百度图片

예문

例 1 有人**钻牛角尖**，想弄清到底是先有蛋还是先有鸡,其实这只算个游戏,并无实际意义。

어떤 사람이 해결할 수 없는 문제에 힘들게 끝까지 매달려서 도대체 알이 먼저인지 닭이 먼저인지 알아내려고 하는데, 사실 이것은 단지 게임일 뿐 실제로 의미는 없다.

例 2 学习需要思考，但也不能咬文嚼字，**钻牛角尖**。

공부는 깊은 사고가 필요하지만 어려운 문자만 골라 쓰지 말고, 해결할 수 없는 문제에 끝까지 매달릴 필요가 없다.

보충

《쇠뿔 끝에 있는 쥐》 문 / 요옥난

쥐가 쇠뿔 끝에 기어들었다. 쥐는 밖으로 나오지도 못하면서도 필사적으로 안으로 파고들었다.

소뿔이 쥐에게 대해 말했다. "친구여, 밖으로 나와 물러가. 안으로 들어갈수록 길은 좁아져."

쥐가 화내면서 말했다. "흥! 나는 백절불굴의 영웅이다. 오직 전진할 것이며, 절대 후퇴란 없다!"

"근데 너는 잘못된 길을 가고 있어!"

"고마워" 쥐는 자기 의견을 굽히지 않았다. "나는 평생 구멍을 뚫으며 살고 있는데, 이게 어떻게 틀릴 수가 있어?"

얼마 지나지 않아, 이 '영웅'은 곧 답답하게 살다가 쇠뿔 안에서 죽었다.

《牛角尖中的老鼠》文 / 廖玉兰

老鼠钻到牛角尖里去了。它跑不出来，却还拼命往里钻。

牛角对它说："朋友，请退出去，你越往里钻，路越狭了。"

老鼠生气地说："哼！我是百折不回的英雄，只有前进，决不后退的！"

"可是你的路走错了啊！"

"谢谢你，"老鼠还是坚持自己的意见，"我一生从来就是钻洞过日子的，怎么会错呢？"

不久，这位"英雄"便活活闷死在牛角尖里了。

부록

역사연대표

중국 역사 연대표는 역사적 주요 사건을 제시함으로써 본 책에 담긴 용어의 시대적 배경을 이해하고 역사적 흐름을 파악할 수 있도록 구성하였다.

연대	왕조 이름	주요 역사 사건 / 용어
신화시대 神話時代	삼황오제 三皇五帝	삼황三皇 : 복희씨伏羲氏, 신농씨神農氏, 여와씨女媧氏 오제五帝 : 황제헌원黃帝軒轅, 전욱고양顓頊高陽, 제곡고신帝嚳高辛, 제요방훈帝堯放勳, 제순중화帝舜重華 夸父逐日
B.C. 2100-1600경	하夏	B.C. 약 2000 중국 최초의 역사왕조 하夏왕조까지는 문자 기록 없는 전설 속 중국 역사 우禹 임금을 시조로 성립 B.C. 약 1600 폭군 걸왕桀王 때 멸망함
B.C. 1600-1100경	상商=은殷	B.C. 약 1600 탕왕湯王이 세운 왕조 B.C. 약 1400 도읍을 은허殷墟로 옮긴 후 은殷으로 불렀으나 현재는 상商나라로 통일하여 부름 중국 고대 역사에 실재實在한 최고最古의 왕조 국가 갑골문자(은허문자) 폭군 주왕紂王 때 주무왕周武王에 의해 멸망함
B.C. 1046-771경	주周	B.C. 1046 주周왕조 성립 호경鎬京, 현재 협서성陝西省 서안西安 도읍으로 정함 不三不四
B.C. 770-403경	동주東周 춘추春秋 시대	B.C. 770 평왕平王 주周왕조 세움, 동주東周 성립 도읍은 낙읍洛邑(현재 하남성河南省 낙양洛陽)으로 함 B.C. 679 제환공齊桓公 패자에 오름 B.C. 632 진문공晉文公 천토에서 제후를 회합하여 패자가 됨 B.C. 606 초장왕楚莊王 육혼의 융戎 정벌 B.C. 552 공자 출생 B.C. 496 오왕吳王 합려闔閭가 월越에 패해 죽고, 부차夫差가 뒤를 이음 B.C. 474 오왕吳王 부차夫差가 월왕越王 구천勾踐 대파 B.C. 473 월왕越王 구천勾踐, 오吳나라 멸망시킴 * 춘추오패春秋五覇 : 제환공齊桓公, 진문공晉文公, 진목공秦穆公, 송양공宋襄公, 초장왕楚莊王 B.C. 453 진晉의 3대부 한위조韓魏趙가 자백知伯을 멸망시키고 진晉을 삼분하여 독립 东道主 / 喝西北风 / 孺子牛

연대	왕조 이름	주요 역사 사건 / 용어
B.C. 403-221경	전국戰國 시대	B.C. 403 한위조韓魏趙가 제후로 주 왕실에 인정, 진晉의 대부 위사魏斯, 조적趙籍, 한호韓虎 각각 자립(전국시대 시작) B.C. 359 진秦 효공孝公 상앙변법商鞅變法시행, 진秦의 개혁 시작 B.C. 333 소진蘇秦의 합종책合縱策 성립, 6국 연합 B.C. 256 진秦 소양왕昭襄王 동주 멸함 B.C. 246 진왕秦王 정政(秦始皇) 즉위
		烂船也有三斤铁 / 五十步笑百步
B.C. 221-202	진秦	B.C. 221 제齊를 멸망시키고 시황제 중국을 최초로 통일, 군현제실시, 도량형·화폐제도 통일 B.C. 214 만리장성 건설 시작 B.C. 213-212 분서갱유焚書坑儒 B.C. 210 시황제 사망 B.C. 208-209 항우項羽·유방劉邦 거병
		孟姜女哭长城
B.C. 202 -A.D. 9	한漢 [전한前漢]	B.C. 202 유방劉邦의 한漢군 항우項羽를 격파(해하전투垓下戰鬪), 유방 황제 즉위, 한漢 성립 B.C. 200 장안長安으로 천도함 한漢 고조高祖 사망, 혜제惠帝 즉위, 여후呂后 실권 장악 B.C. 154 오초칠국의 난吳楚七國之亂 B.C. 140 무제武帝 즉위 B.C. 141 무제武帝, 연호를 처음 제정함 B.C. 126 장건張騫, 서역에서 귀환, 비단길 개척 B.C. 110 무제武帝, 평준법平準法 시행 B.C. 97 사마천司馬遷《사기史記》완성 B.C. 33 왕소군王昭君, 흉노의 호한야선우呼韓邪單于에게 시집감 B.C. 1 불교 전래, 왕망王莽 실권 장악 8 왕망王莽, 스스로 신新의 황제라 칭하고 황제의 자리에 오름
		九牛一毛
A.D. 8-25	신新	9 국호를 신新으로 정하고 한漢의 제도 변경, 신新나라 세움 23 왕망王莽 살해당함, 신新 멸망

연대	왕조 이름	주요 역사 사건 / 용어
A.D. 25-220	한漢 [후한後漢]	14 황제 195년간 존속 낙양洛陽으로 수도를 동쪽으로 옮겨 동한東漢이라 함 25 유수劉秀, 광무제光武帝로 즉위, 후한後漢 성립 36 광무제, 공손술公孫述을 토벌하고 촉蜀을 평정하여 천하 통일 57 광무제 사망, 명제明帝 즉위 73 반초班超, 서역 원정 105 채륜蔡倫, 종이발명 166 제1차 당고의 화黨錮之禍, 서주에서 반란 발생 169 제2차 당고의 화 184 황건적의 난黃巾賊-亂. 조조曹操, 우두머리 장각張角 죽임 189 동탁董卓의 난 200 조조, 원소袁紹를 관도官渡에서 격파官渡大戰, 화북제패 208 조조, 적벽에서 유비劉備·손권孫權 연합군에 패배 220 조조 사망. 아들 조비曹丕가 헌제獻帝 폐위, 낙양을 수도로 위魏 건국, 후한 멸망
		大哥
A.D. 220-589	위魏 진晉 남북조 南北朝	220 조비曹丕, 문제文帝로 등극, 위魏 성립 221 유비劉備, 촉한蜀漢 건국 229 손권孫權, 오吳 건국, 위魏·촉蜀·오吳 삼국 성립 234 촉蜀의 제갈공명諸葛孔明 오장원에서 사망 249 위魏의 사마의司馬懿 쿠데타 일으킴, 요동 공손씨公孫氏 사망 265 사마염司馬炎, 위魏 멸망시키고 진西晉 수립 * 서진西晉 : A.D. 265-317, 수도는 낙양, A.D. 280년 오吳나라를 끝으로 삼국을 평정하고 통일을 이룸 * 동진東晉 : A.D. 317-420, 수도는 건강建康, 현재 남경南京, 후에 남조南朝의 송宋·제齊·양梁·진陳으로 이어짐 265 사마염司馬炎, 무제武帝로 즉위, 진晉 건국 280 진晉나라 오吳를 멸망시키고 중국 통일 300 팔왕의 난八王之亂 시작(~306) 304 북방 이민족 화북 진출, 5호16국五胡十六國시대(~439) 311 한의 유요劉曜, 낙양함락, 영가의 난永嘉之亂 316 유요劉曜, 장안을 함락하고 진晉을 멸망, 서진西晉 멸망 317 사마예司馬睿, 원제元帝로 즉위, 동진東晉 성립

연대	왕조 이름	주요 역사 사건 / 용어
		376 전진의 부견符堅, 화북 통일 383 전진의 부견符堅, 남정 시도, 동진군에 패배, 비수肥水의 전투 384 선비족 척발규拓跋珪, 국호 후연後燕을 북위北魏로 고침 402 환현桓玄, 반란을 일으켜 동진東晋 제위 찬탈, 동진東晋 멸망 420 유유劉裕, 무제武帝로 등극, 송宋 건국 439 북위北魏 태무제太武帝, 화북 통일 479 소도성蕭道成, 송宋을 멸망시키고 제齊 건국, 고제高帝 등극 502 소연蕭衍, 제齊를 멸망시키고 양梁 건국, 무제武帝로 등극 534 고환高歡, 효정제孝靜帝 옹립, 북위北魏 멸망, 동위東魏성립 535 우문태宇文泰, 문제文帝를 추대하고 서위西魏 건국 550 고양高洋, 동위東魏 멸망 북제北齊 건국, 문선제文宣帝로 등극 557 우문각宇文覺, 북주北周 건국, 효민제孝閔帝로 등극 557 진패선陳霸先, 양梁을 멸망 진陳 건국, 무제武帝로 등극 577 북주北周, 북제北齊를 멸망시키고 화북華北 통일 581 양견楊堅, 북주北周 멸망시키고 수隋 건국, 문제文帝로 등극
		宰相肚里能撑船 / 黄鹤楼 / 五光十色
A.D. 581-907년	수隋 당唐	589 수문제隋文帝, 진陳 멸망시키고 남북조南北朝 통일 604 태자 양광楊廣, 부父 문제文帝를 시해하고 즉위, 양제煬帝로 등극 611 양제煬帝, 고구려 친정, 이후 2차(613, 614) 원정도 실패 618 양제煬帝 살해당함, 수隋 멸망 618 이연李淵, 당唐 건국 626 현무문의 변玄武門之變, 이세민李世民이 형 이건성李建成(태자), 아우 원길李元吉 살해, 고조 퇴위 후 태종太宗으로 즉위 628 당唐 통일 완성, 거란은 당에 복속 645 태종太宗, 고구려 원정(안시성 싸움) 690 측천무후則天武后, 예종睿宗 폐위, 국호를 주周로 고침, 무주의 치武周之治라고도 함. 705 중종中宗 복위, 국호를 당唐으로 회복 712 현종玄宗 즉위 726 '개원의 치開元之治(측천무후의 손자인 당 현종이 통지했던 A.D. 713-741까지 약 28년간의 태평성대)'의 전성기

연대	왕조 이름	주요 역사 사건 / 용어
		745 현종玄宗, 양옥환楊玉環(양귀비楊貴妃)을 귀비로 삼음 755 안사의 난安史之亂 발발(-763) 762 이백李白 사망(701-) 770 두보杜甫 사망(712-) 819 현종玄宗, 환관에게 살해 875 황소의 난黃巢之亂 발발 907 주전충朱全忠, 당唐 멸망시킴
		吃闭门羹 / 吃醋 / 程咬金 / 新郎
A.D. 907-960년	5대10국 五代十國	* 당唐이 멸망한 때부터 송宋나라가 중원통일을 이룰 때까지 흥망한 한족의 5개 정통 왕조 및 그 외 10개 나라와 그 시기 907 주전충朱全忠, 후량後梁(A.D. 907-923, 3대 16년간) 세움, 5대10국 시작(-960) 916 야율아보기耶律阿保機, 황제 칭함(요遼 태조) 923 후량後梁 멸망, 후당後唐(A.D. 923-936, 4대 13년 간) 성립 936 석경당石敬瑭(태조), 거란의 원조 받아 후당 멸망시키고 후진後晉(A.D. 936-947) 건국, 연운16주燕雲十六州 거란에 할양 946 거란, 후진後晉 멸하고 국명을 요遼로 고친 후 화북 진출 947 후한後漢 성립 951 후한 멸망, 후주後周(A.D. 951-960) 성립
A.D. 960-1127	북송北宋	960 조광윤趙匡胤, 후주後周를 멸하고 북송北宋을 세움, 태조로 등극 972 과거제 정비, 전시 개설 1004 북송, 요遼와 화의和議 성립, 전연의 맹澶淵之盟 1028 이원호李元昊, 위구르를 깨뜨리고 김주 점령 1038 이원호, 서하西夏 건국 1044 송宋과 서하西夏 화의 성립 1069 왕안석王安石, 신법新法 시행 1115 여진女真의 완안아골타完顏阿骨打, 즉위 후 국호를 금金이라 칭함(-1234) 1125 금金, 요遼를 멸망시킴 1127 정간의 변靖康之變, 북송北宋 멸망
		穿小鞋 / 乌纱帽 / 安乐窝 / 走后门 / 雷声大雨点小
A.D. 1127-1279	남송南宋	1127 고종高宗 조구趙構가 강남으로 내려와 임안臨安에 도읍을 정하고 남송南宋을 세움

연대	왕조 이름	주요 역사 사건 / 용어
		1141 진회秦檜가 악비岳飛를 체포하여 죽임 1206 테무진, 몽골을 통일하고 칭기즈칸이라 칭함 1219 칭기즈칸의 서정 시작(-1224) 1227 칭기즈칸, 서하를 멸망시킨 후 귀환하던 중 사망 1234 금, 몽골과 남송의 군대에 공격받아 멸망 1271 몽골의 쿠빌라이, 국호를 대원大元으로 고치고 중원中原을 점령하고 세움
		鬼门关
A.D. 1279-1368	원元	1279 쿠빌라이元世祖 忽必烈, 남송南宋 멸하고 중국 통일, 수도를 몽골고원의 카라코룸에서 대도大都(현재 북경北京)으로 옮김 1313 첫 과거제 시행 1351 홍건적의 난紅巾賊之亂 발생 1367 주원장朱元章, 북벌 시작
		戴绿帽子
A.D. 1368-1644	명明	1368 주원장朱元章, 명明 건국, 태조(홍무제洪武帝)로 등극 1402 연군燕軍, 남경南京 점령, 혜제惠帝 분사하고 연왕燕王 즉위(성조成祖, 영락제永樂帝) 1405 정화鄭和, 남해원정(7회) 시작 1408《영락대전永樂大典》완성(1405-) 1573 장거정張居正의 개혁(-1582) 1588 누르하치(노이합적努爾哈赤), 건주建州에서 삼위 통일 1616 누르하치, 후금後金 건국 1636 후금, 국호를 청清으로 고침 1643 홍타이지(황태극皇太極) 사망, 순치제順治帝 즉위 1644 이자성李自成, 북경에 입성하여 명 멸함
		隔靴搔痒 / 量体裁衣 / 脚踏两条船 / 坐冷板凳 / 陈世美 / 新郎 / 中山狼
A.D. 1644-1911	청清	1644 청清, 북경 입성하여 중국 지배 시작 1661 강희제康熙帝 즉위 1662 남명南明 정권 전멸, 청의 완전한 중국 지배 1673 삼번의 난三藩之亂(-1681) 1722 강희제康熙帝 사망, 옹정제雍正帝 즉위

연대	왕조 이름	주요 역사 사건 / 용어
		1735 옹정제雍正帝 사망, 건륭제乾隆帝 즉위, 강희제-건륭제까지 전성기 1740 묘족의 난苗族之亂 1840 아편전쟁 1842 난징조약(남경조약南京條約) 체결 1850 태평천국운동(-1864) 1882 조선으로 청清·일日 양국 군 출병 1885 프랑스와 톈진조약(천진조약天津條約) 체결 1886 영국과 버마조약 체결 1894 청일전쟁 개시 1895 청일전쟁 패배, 시모노세키조약 체결 1905 쑨원(손문孫文), 중국혁명동맹회 결성 1911 신해혁명辛亥革命 시작, 청清 멸망
		眼高手低 / 阴沟里翻船 / 出风头 / 装蒜
A.D. 1912-1949	중화민국 中華民國	1912 중화민국 난징 임시정부 수립, 쑨원, 임시 대통령 취임 1914 쑨원, 도쿄에서 중화혁명당 결성, 제1차 세계대전 1919 파리강화회의, 5·4운동, 중국 국민당 발족 1921 중국 공산당 성립, 쑨원, 광동 정부 비상 대통령에 취임 1926 중국 국민당 새 지도자 장제스(장개석蔣介石) 북벌 개시 1931 만주사변 발생, 중화 소비에트 임시정부 서금에 성립 1935 쭌이회의로 마오쩌둥(모택동毛澤東) 중국 공산당 주도권 장악 1937 루거우차오(노구교蘆溝橋) 사건으로 중·일 전쟁 시작 1941 제2차 세계대전 시작 1943 미국·영국·중국 카이로 회담 1945 일본, 포츠담 선언 수락으로 연합군에 무조건 항복 1946 중국 국민당과 중국 공산당 내전 시작
		不到长城非好汉 / 纸老虎
A.D. 1949-	중화인민 공화국 中华人民 共和国	중화인민공화국中华人民共和国 성립

A

B

C

W

X

Y

Z

| 지은이 소개 |

김수현金秀賢

- 북경대학교 학사 졸업, 중경대학교 석사 졸업
- 경희대학교 박사 재학 중
- 前 중경전신전문대학 강사, 중국어교육원 공자학당 강사,
  경희대학교 경영대학원 중문MBA 강사

증무曾茂

- 동국대학교 석사 졸업, 동국대학교 박사 수료
- 경희대학교 공자학원 강사
- 前 전북과학대학교 조교수, 사천서남항공전문대학 강사

배우정裵玗程

- 창원대학교 학사 졸업, 경희대학교 석·박사 졸업
- 경희대학교 중문과 강사, 장안대학교 관광비즈니스 중문과 강사
- 경희대학교 동아시아 서지문헌연구소 학술연구원

배재석裵宰奭

- 연세대학교 학사 졸업, THE Ohio State University 석사 졸업,
  남경대학교 박사 졸업
- 경희대학교 중문과 교수, 북경대학교 객좌 교수
- 한국중국언어학회 회장, 경희대학교 공자학원 원장,
  국제한국어응용언어학회 부회장
- 주요 논저 :

『중국언어와 사회』, 「유행어로 살펴본 북경과 상해」,
「표준중국어의 성조 변화 범위에 관한 연구」,
「개정7차 중국어 교육과정 기본 어휘에 대한 고찰」,
「한국 한자어와 중국어 어휘의 어의 형태론적 비교 연구」 등 다수

용어로 보는
중국문화이야기 多樂房

초판 인쇄 2020년 4월 17일
초판 발행 2020년 4월 30일

지 은 이 | 김수현·증무·배우정·배재석
펴 낸 이 | 하운근
펴 낸 곳 | 學古房

주　　소 | 경기도 고양시 덕양구 통일로 140 삼송테크노밸리 A동 B224
전　　화 | (02)353-9908 편집부(02)356-9903
팩　　스 | (02)6959-8234
홈페이지 | www.hakgobang.co.kr
전자우편 | hakgobang@naver.com, hakgobang@chol.com
등록번호 | 제311-1994-000001호

ISBN 978-89-6071-936-1 93720

값 : 18,000원

■ 파본은 교환해 드립니다.